MADAME CARETTE
NÉE BOUVET

Troisième Série
des
Souvenirs intimes
de la
Cour des Tuileries

PARIS
PAUL OLLENDORFF, ÉDITEUR
28 bis, RUE DE RICHELIEU, 28 bis
1891
Tous droits réservés.

Troisième Série

des

Souvenirs intimes

de la

Cour des Tuileries

DU MÊME AUTEUR

L'Outrage, roman.

Passion, roman.

Souvenirs intimes de la Cour des Tuileries.

Tous droits de reproduction et de traduction réservés pour tous les pays, y compris la Suède et la Norwège.

S'adresser, pour traiter, à M. Paul Ollendorff, éditeur, 28 *bis*, rue de Richelieu, Paris.

MADAME CARETTE
NÉE BOUVET

Troisième Série
des
Souvenirs intimes
de la
Cour des Tuileries

PARIS

PAUL OLLENDORFF, ÉDITEUR

28 *bis*, RUE DE RICHELIEU, 28 *bis*

1891

Tous droits réservés

Il a été tiré de cet ouvrage quinze exemplaires sur papier de Hollande, numérotés à la presse (1 à 15)

SOUVENIRS INTIMES

DE LA

COUR DES TUILERIES

CHAPITRE PREMIER

Voyage de l'Impératrice en Allemagne. — Le train Impérial. — Arrivée à Schwalbach. — La Reine Sophie et la Prusse. — Visite du Roi Frédéric-Guillaume Ier. — Portrait du Roi. — Roman princier. — Wiesbaden. — Le Duc de Nassau. — La Platte. — Chanteurs tyroliens. — « Sous le masque la Vérité. » — Une complainte. — Le Feld-Maréchal Wrangel. — L'Empereur de Russie. — Arrivée à Bade. — La cour de Prusse. — Réception au palais Grand-Ducal. — Le café Royal. — La Reine Augusta. — Un dernier mot. — Télégrammes royaux.

Lorsqu'en 1864 l'Impératrice Eugénie alla aux eaux de Schwalbach, situées dans le duché de Nassau, cette petite principauté était encore sous le gouvernement paternel du Duc Adolphe de Nassau, chef de la branche aînée de l'antique famille dont la branche cadette, les Nassau-Orange, exerce la souveraineté dans les Pays-Bas.

Depuis vingt-cinq ans le Duc Adolphe régnait doucement sur ce petit État qui faisait partie de la confédération germanique tout en conservant son autonomie, en ayant son administration, ses ministres, ses chambres, son budget, sa cour, sa capitale la jolie ville de Wiesbaden, hospitalière à tous les Parisiens qui s'y arrêtaient chaque été en allant et venant aux Eaux d'Allemagne, si en vogue naguère.

Le Duc gouvernait un demi-million de sujets. Il commandait à une armée de six mille hommes. Il était aussi général de cavalerie au service de la Prusse, chef du régiment des lanciers de Westphalie. Cet honneur lui coûta sa souveraineté.

Le charmant duché de Nassau, ses heureux habitants aux mœurs paisibles qui vivaient exempts de charges et d'impôts, sa capitale fleurie, ses forêts giboyeuses comme des parcs royaux, tout cela n'est plus aujourd'hui qu'une parcelle fondue dans l'empire d'Allemagne.

Lorsque l'arrivée de l'Impératrice fut annoncée, le pays se mit en liesse. On se prépara à accueillir avec honneur la souveraine du grand empire voisin. Mais Sa Majesté tenait essentiellement à conserver l'incognito. L'Impératrice, souffrante, très attristée, venait de traverser une des crises intimes les plus douloureuses de sa vie. Sa santé altérée exigeait un repos absolu.

L'Impératrice souffrait de spasmes nerveux de l'estomac qui l'empêchaient de s'alimenter et qui avaient amené un grand affaiblissement. Les eaux de Schwalbach, souveraines pour ces sortes de maux, avaient été ordonnées. L'Impératrice hésitait à franchir la frontière. Cependant, après certains pourparlers diplomatiques, il fut convenu que l'incognito serait scrupuleusement respecté et que Sa Majesté échapperait à toute espèce de représentation. Cette convention bien établie, l'Impératrice vint donc en Allemagne sous le nom de Comtesse de Pierrefonds.

Le 5 septembre, à sept heures du soir, l'Impératrice quittait Saint-Cloud dans le train impérial, somptueusement aménagé, où se trouvait tout le confort des habitudes journalières.

Les repas, apprêtés dans un wagon spécialement réservé aux cuisines, étaient servis avec la même ponctualité que dans les palais. Plusieurs salons communiquant entre eux permettaient de se réunir ou de s'isoler. Je me souviens que le soir, vers onze heures, lorsqu'on se sépara pour le repos de la nuit, je pris possession d'une chambre décorée comme le plus élégant boudoir; les parois et les meubles étaient recouverts de satin vert d'eau capitonné de fleurons mauve; le plafond était tendu de moire antique blanche. Je me couchai dans un excellent lit où, fort secouée par l'extrême rapidité de la marche, je dormis assez légèrement. Vers six heures le train s'arrêta, nous franchissions la frontière à Forbach. Malgré l'heure matinale, les administrateurs allemands, qui remplaçaient dans le service les administrateurs français, tinrent à saluer l'Impératrice. Ils lui présentèrent un bouquet composé d'orchidées fort rares, en l'accompagnant d'un compliment tourné en façon de madrigal dans lequel ils exprimaient cette pensée que les plus belles fleurs de l'Allemagne venaient au-devant de la plus belle fleur de France. On avait poussé la galanterie jusqu'à enguirlander la locomotive destinée à traîner le train impérial. Pareille au char de l'Aurore, elle était couronnée de roses.

Les souveraines ont des trésors de sourires. L'Impératrice remercia, comme très touchée de cette politesse qui avait interrompu son repos; puis le train repartit avec une vitesse vertigineuse.

A chaque station la foule s'assemblait pour apercevoir Sa Majesté et nous entendions des hourras, des acclamations. Nous franchîmes, comme au vol, le pont gigantesque qui traverse le Rhin dans sa plus grande largeur; Mayence, toute construite en pierres d'un rose vif et que l'on croirait une ville mauresque. Enfin, à une heure nous arrivions à Wiesbaden. Là, un aide de camp du Duc de Nassau vint se mettre aux ordres de l'Impératrice, en la priant d'accepter les voitures de la cour ducale qui attendaient rangées dans la gare, avec les postillons à la livrée bleue et orange. L'Impératrice refusa, en le chargeant de remercier le Duc d'une attention si courtoise, mais Sa Majesté voulait conserver son indépendance, et ce fut dans des calèches de louage qu'après deux heures de route à travers un pays agréablement accidenté de bois et de collines, nous arrivâmes à Schwalbach, par une pluie battante au milieu de la foule des curieux et des baigneurs. La villa destinée à l'Impératrice était d'apparence modeste, mais bien située, suffisamment confortable, toute pleine de fleurs et voisine du pavillon des eaux. Chaque année l'Impératrice de Russie venait à Schwalbach pour une saison et occupait la même villa. Mais la Czarine, souffrante et attristée, ne se plaisait que dans la solitude. Elle avait même fait construire une sorte de galerie qui lui permettait de se rendre aux thermes, à l'abri des regards de la foule.

L'Impératrice Eugénie avait adopté la manière de vivre de tous les baigneurs; sa bonne grâce, sa simplicité firent une impression si favorable, que les journaux de la principauté ne tarissaient pas de comparaisons élogieuses.

Bientôt l'Impératrice fut si populaire que chacun s'intéressait à sa santé. On l'entourait, on la saluait avec un empressement respectueux. Sa Majesté était faible et pâle à son arrivée; le traitement réussit si heureusement, que les forces lui revinrent à vue d'œil.

Journellement des inconnus nous abordaient pour nous communiquer leurs impressions, nous féliciter de cet heureux changement.

L'Impératrice était accompagnée, dans son voyage, de la Comtesse de la Poëze et de la Comtesse de la Bédoyère, dames du palais. Ces dames étaient sœurs, filles toutes deux du Marquis de La Rochelambert, ancien ambassadeur en Prusse, où elles avaient été élevées en partie. Elles connaissaient la cour de Berlin et avaient conservé beaucoup de relations en Allemagne. Il y avait aussi l'Amiral Jurien de la Gravière, aide de camp de l'Empereur, un chambellan, le Comte de Cossé-Brissac et M. Oppermann, maréchal des logis de l'Empereur, chargé de l'organisation de la maison de l'Impératrice. C'était un excellent homme, très érudit, un collectionneur distingué, toujours en quête de quelque trésor archéologique.

Dès l'aube, éveillée par l'hymne traditionnel de toutes les eaux d'Allemagne qui rappelle aux baigneurs l'heure de la cure, l'Impératrice se rendait à la source et buvait courageusement plusieurs verres d'une eau tiède et fade, fortement gazeuse. Quant aux bains, ils ont une action si énergique, qu'ils deviendraient dangereux pour qui s'aviseraient d'en user sans nécessité. On se plonge dans de grandes baignoires en bois, rongées par l'usage. L'eau y est presque froide; mais instantanément on est enveloppé d'une multitude de globules de gaz qui provoquent une irritation si vive de la peau, qu'on ne pourrait pas supporter l'immersion plus de dix minutes. Après le bain, la promenade, puis le dîner.

L'Impératrice, étant la personne du monde la plus facile à satisfaire, s'accommodait mieux que quiconque de tous les changements d'habitude et de régime.

On n'avait point emmené de chef de cuisine. On vécut à l'allemande, le principal repas se prenait dans la journée vers deux heures, et le souper à huit.

Les mets appartenaient la plupart du temps à la cuisine locale.

Il y avait entre autres un certain condiment, de la « Kirschen Compote », qui était l'accompagnement obligé de tous les plats. C'était une petite cerise noire, aigrelette, cuite au sucre, que nous avions fini par prendre en horreur.

L'Impératrice, fort peu attentive à ce qu'on lui servait, mangeait indifféremment de tout. On présenta un jour des poulardes venant de France. C'était une rareté. L'Impératrice se servit tout en causant; mais, voyant que le plat faisait le tour de la table sans que personne y touchât :

— Pourquoi ne mangez-vous pas ? interrogea Sa Majesté.

— C'est, Madame, à cause de l'odeur de cette volaille.

Alors repoussant son assiette :

— Et vous alliez m'en laisser manger !

Depuis lors, Sa Majesté recommanda qu'on ne lui servît que la cuisine du pays, pensant qu'elle serait plus saine et surtout moins sujette aux accidents.

Fort peu de jours après son arrivée à Schwalbach, l'Impératrice reçut la visite de la Reine des Pays-Bas, qui se rendait à Evian et s'était détournée de sa route pour passer quelques heures auprès de l'Impératrice, qu'elle affectionnait et avec laquelle elle entretenait une correspondance très suivie.

La Reine Sophie, qui avait alors quarante-cinq

ans et qui avait été fort jolie, était restée très attrayante. Sa tournure, malgré un certain embonpoint, était vraiment royale ; elle avait les mains les plus petites et les plus jolies que l'on pût voir. Fort instruite, d'un esprit supérieur, la Reine causait avec enjouement et bonhomie. Elle voyageait sans autre suite qu'un vieux chambellan et une dame d'honneur; prenant des secondes classes de préférence, nous disait-elle, parce que les personnes qu'elle y rencontrait l'intéressaient plus que les voyageurs élégants, très occupés de leur bien-être et souvent moins polis. La Reine Sophie, Princesse de Wurtemberg, était alliée à la famille Impériale de Russie par sa mère la Grande-Duchesse Catherine Paulowna, petite-fille du Czar Paul Ier. Elle était aussi cousine germaine de la Princesse Mathilde et du Prince Napoléon par sa tante, la charmante Reine Catherine de Wurtemberg, qui avait épousé le Roi Jérôme. La Reine aimait beaucoup l'Empereur.

Elle a vu grandir la puissance militaire de la Prusse. Ses avertissements ne furent pas étrangers aux mesures que l'Empereur voulut prendre pour fortifier notre armée en créant la garde nationale mobile, en complétant notre armement. On sait l'opposition que l'Empereur rencontra dans le parlement et comment les députés hostiles à l'Empire, ayant à leur tête Messieurs Thiers et Jules Favre, s'attachèrent à repousser tous les crédits demandés en faveur de l'armée et firent échouer ainsi tous les projets de réforme. Le Maréchal Niel, Ministre de la guerre, organe des idées du souverain, incessamment combattu, mourut à la peine en 1867.

Autant la Reine de Hollande était indépendante et laissait voir ses sympathies pour la France, autant le Roi se montrait déférent envers la Prusse et tenait à ménager son redoutable voisin.

C'était, dans le ménage royal, une cause de différend de plus, car cette Reine, belle, intelligente autant qu'aimable, avait connu toutes les amertumes des unions princières dont le seul mobile est la raison d'État. Le Roi de Hollande, très jaloux de son autorité, ne souffrait auprès de lui aucune influence. Il montra pour son fils aîné le prince d'Orange une dureté que rien ne put vaincre. Beau comme sa mère, doué d'une affabilité qui manquait au Roi, le prince d'Orange était très aimé dans l'armée, dont le Roi affectait de détourner ses préoccupations afin de ne pas éveiller les susceptibilités de la Prusse. Dans toute la Hollande il y avait un grand courant de sympathie autour du Prince héritier. Le Roi en prit ombrage, bien que le Prince d'Orange se soit toujours conduit en fils respectueux. Constamment en butte à des suspicions outrageantes qui se traduisaient par des scènes violentes, dans lesquelles le Roi s'abandonnait à son humeur ombrageuse et chagrine, le Prince dut prendre le parti de s'éloigner. Il vécut en France à peu près exilé; regrettant de ne pouvoir servir son pays qu'il aimait, dépensant sa jeunesse inutile dans des distractions parfois regrettables, où il se jeta par découragement et par ennui. L'accueil qu'il avait trouvé à la cour des Tuileries ne s'effaça point de son cœur. Il fut un des premiers qui vint en Angleterre saluer l'Impératrice après le 4 septembre, à la grande colère du Roi son père qui ne vit là qu'une démarche imprudente capable de lui susciter des difficultés. Par une fatale coïncidence, le Prince d'Orange mou rut le 11 juin 1879, peu de jours après le Prince Impérial.

En même temps que la Reine Sophie venait chez l'Impératrice, le Roi de Prusse se faisait annoncer. L'Impératrice avait reçu un gros bouquet de roses qui accompagnait le message par lequel le Roi demandait à venir saluer la Comtesse de Pierrefonds. Le Roi passait chaque année quelque temps à Bade, auprès de sa fille la Grande-Duchesse Louise, où il aimait à venir se reposer du fardeau des affaires dans les joies intimes de la famille. Le Grand-Duc Frédéric-Guillaume partageait avec la Grande-Duchesse et ses deux enfants l'affection paternelle du Roi, qui aimait les siens avec une tendre bonhomie. Le Roi de Prusse Frédéric-Guillaume avait alors soixante-sept ans. Sa haute stature toujours élégante et droite, l'éclat souriant de ses yeux bleus, sa physionomie animée, sa démarche militaire, lui donnaient l'apparence d'un homme dans la force de la vie. Les cheveux se faisaient rares sur le haut du front, et, ainsi que la moustache épaisse et les longs favoris, ils grisonnaient sans artifice. Il y avait dans toutes ses façons la courtoisie d'un gentilhomme, son abord avenant et facile n'ôtait rien à la majesté royale et chez lui la noblesse naturelle remplaçait agréablement la hauteur qu'affectaient jusqu'à l'arrogance d'autres princes allemands. Le Roi Frédéric-Guillaume, qui sera pour la postérité un des grands monarques de son pays, avait eu toute la séduction d'un héros de roman. Sa galanterie auprès des femmes est connue. Il s'y mêlait cette nuance de respectueuse admiration si flatteuse pour celles qui en sont l'objet.

Il avait une façon de mettre ses hommages à vos pieds en vous baisant le bout des doigts qui avait dû rendre bien des cœurs sensibles. Il était de ceux qu'un véritable amour a touchés et qui en conservent pour la vie comme une grâce attendrie.

Une jeune fille de l'aristocratique famille des Radziwill, la Princesse Élise, occupa le cœur du Prince pendant toute la première partie de sa jeunesse. Comme ils se voyaient sans cesse, aux réunions de la cour et dans toutes les fêtes, la pensée d'un mariage germa dans leur cœur. Pendant sept ans, avec cette constance platonique que l'on rencontre de l'autre côté du Rhin, les deux amoureux poursuivirent leur douce chimère. Pendant sept ans le Prince lutta contre tous les siens, contre toutes les influences de cour, dans l'espoir d'obtenir sans déchoir la réalisation de ses vœux. Rien ne devait fléchir la hauteur de race des Hohenzollern. Placé entre ses devoirs de Prince et ses plus chers penchants, celui que la fortune devait porter si haut sacrifia le bonheur à la gloire. Ce ne fut pas sans des déchirements qui laissèrent au cœur du Prince des souvenirs tels que le vieil Empereur les retrouvait encore dans les dernières années de sa vie. Les bleuets, la fleur favorite de Guillaume, pour laquelle il avait comme un culte pieux, dont chacun se parait sur son passage et qu'il se plaisait à recevoir en gros bouquets des mains de toutes les jeunes femmes de l'Allemagne, lui rappelaient dans leur corolle délicate le regard de la bien-aimée.

Une lettre écrite par le Prince à un ami en 1825 au moment où toute espérance d'union venait de s'évanouir montre la lutte que la passion et le devoir se livrèrent dans son âme, et jusqu'où il poussa le respect de son rang :

« Teplitz, 29 juillet 1826.

« Vous savez, mon ami, le coup qui me frappe. Il faut être singulièrement fort pour pouvoir renoncer ainsi à tout ce qu'on aime, à une liaison que tout le monde souhaitait et qui était mon bonheur. Je puis dire que voilà des années que je suis le jouet des petitesses humaines, mais je n'ai aucune haine au cœur. Dieu se sert des hommes ici-bas pour exécuter ses volontés. Au premier moment, j'ai été foudroyé. Maintenant, je souffre encore et surtout du vide qui s'est fait en moi.

« Je n'ai jamais été aveugle, j'ai toujours compris les difficultés qui existaient contre cette union. Mais comme je ne les croyais pas insurmontables, bien que j'aie renoncé à tout espoir maintenant, je ne puis abandonner légèrement le souvenir de l'être qui était le prix du combat. »

En même temps le Prince écrivait à son père cette autre lettre pleine de soumission :

« Mon cher père,

« Vous avez décidé de mon sort; j'ai espéré tant
« qu'il y avait encore un rayon d'espoir à avoir.
« Lisez dans mon cœur, vous y trouverez ma
« reconnaissance pour toutes les preuves d'affec-
« tion que vous m'avez données et pour la lettre
« que vous m'avez écrite en m'annonçant votre
« résolution.

« Votre paternelle bonté, votre pitié devant le
« coup qui me frappe, ce que vous me dites des
« devoirs de ma situation, l'éloge que vous faites
« d'Elle, le souvenir de ce que vous avez fait
« pour rendre cette union possible, tout cela se
« trouve dans votre lettre, et je ne saurais vous
« prouver ma reconnaissance qu'en vous obéis-
« sant à l'avenir. Je justifierai votre confiance
« en combattant ma douleur et en restant ferme
« dans la résolution prise. Je finis le cœur brisé,
« mais vous appartenant plus que jamais, car
« jamais votre amour pour votre fils n'a été plus
« grand que dans ce moment. »

La Princesse Élise Radziwill, délicate et frêle,

minée par les regrets, se retira du monde. Elle mourut de consomption en 1834.

Depuis cinq ans celui qu'elle aimait était l'époux de la belle Princesse Augusta de Weimar. Triste union où la jeune Princesse ne trouva pas l'amour que ses charmes devaient lui assurer et où la discorde ne s'apaisa que lorsque la vieillesse la plus avancée eut courbé leurs deux fronts.

Fidèle aux strictes lois de l'étiquette et pour se conformer à l'intention d'incognito qu'avait manifestée l'Impératrice, le Roi, par extraordinaire, avait quitté l'uniforme et revêtu des habits bourgeois. Cependant sa visite eut un caractère semi-officiel, car, bien qu'étant venu dans la journée, le Roi portait sous son frac le grand cordon de la Légion d'honneur.

Le Roi de Prusse témoignait à l'Impératrice Eugénie une admiration qui prenait la forme d'une galanterie un peu paternelle, autorisée par son âge. En venant à Schwalbach, il avait un double but. Son secret désir était de fléchir la volonté exprimée par l'Impératrice de se renfermer dans une réserve absolue et de ne faire aucune visite. En Allemagne, pays d'aristocratie par excellence, toutes les démarches des personnes souveraines prennent un caractère que nos mœurs démocratiques n'admettent pas au même degré.

Les grands événements qui depuis trente ans ont changé la face de l'Europe commençaient à se nouer. Dans l'ombre, M. de Bismarck disposait ses vastes plans. D'accord avec l'Autriche qu'il devait combattre plus tard, il préludait par la guerre avec le Danemark et l'annexion des duchés du Schleswig-Holstein.

La cour de Berlin voyait à regret l'Impératrice des Français éviter toute relation avec la famille royale de Prusse pendant un séjour sur le territoire allemand.

Cette abstention pouvait passer aux yeux de l'Europe pour un témoignage de froideur entre les deux pays. C'est une impression que le gouvernement prussien redoutait extrêmement, cherchant, au contraire, à s'assurer, dans le conflit présent, de la neutralité de la France.

Le Roi mit en œuvre tout l'agrément de son esprit, ses façons les plus engageantes. Il représenta le vif désir que la Reine Augusta avait de se rencontrer avec l'Impératrice. Bade était si près de Schwalbach! En quelques heures on pouvait se réunir. L'Impératrice s'excusa sur le mauvais état de sa santé, sur l'ordre des médecins qui ne permettaient pas que le traitement fût interrompu un seul jour.

— Je n'ai même pas apporté de robe, ajouta Sa Majesté, afin d'être forcément à l'abri des tentations.

Le Roi insista autant que la courtoisie l'y autorisait, mais il comprit que sous la bonne grâce de la forme se cachait un refus définitif. Avant de partir, lorsque l'Impératrice nous présenta, il fut pour tous d'une amabilité exquise.

Le Roi se retira très déçu, mais sans laisser paraître d'autre regret que celui que pourrait avoir un maître de maison qui se verrait refuser une invitation dont il se faisait fête.

Après le départ du Roi, l'Impératrice put se croire à l'abri de toute autre sollicitation. On verra par quel plan adroitement concerté Sa Majesté eut la main forcée. Profondément lasse, avide de repos, l'Impératrice cherchait à oublier pour un moment la politique et tâchait de ne pas voir plus loin que le fond de la source. Chaque jour nous faisions en voiture des promenades, des excursions, nous parcourions les environs, favorisés par ces belles journées du mois de septembre où la campagne est si riante, sous le soleil adouci.

Nous allâmes à Schlangenbaden, « le bain des Serpents », une source voisine de Schwalbach, « le bain de l'Hirondelle », qui a, dit-on, la vertu de donner à la peau la fraîcheur d'une éternelle jeunesse. Certaine légende prétend que cette propriété merveilleuse serait due aux œufs que des serpents viennent déposer dans la source.

Cette tradition ne concorde pas très exactement avec l'histoire naturelle. Quoi qu'il en soit, on nous engagea à plonger les mains dans cette eau pour juger de ses mérites. Elles parurent aussitôt d'une blancheur extraordinaire, mais c'était un effet dû sans doute à la transparence de l'eau, car lorsque nos mains furent séchées elles avaient repris leur aspect ordinaire.

Aller à Wiesbaden, que nous n'avions fait que traverser en arrivant, était un plan assez difficile à réaliser, toujours pour éviter les rencontres princières. Un soir, cependant, la température étant encore tiède, on fit atteler après le dîner, et nous eûmes le plaisir d'une excursion qui ne fut marquée par aucun incident, c'est-à-dire que l'Impératrice ne fut pas reconnue. Il faisait le plus beau clair de lune du monde. La ville, vue ainsi dans une demi-clarté, paraissait charmante. Nous allâmes à l'église tout d'abord, mais elle était fermée et il fallut nous contenter d'admirer son dôme élégant, environné d'aiguilles gothiques. Puis nous visitâmes le Kurhauss, un vaste rectangle entouré de galeries sous lesquelles se tiennent tous les genres d'industries, et dont le milieu est un beau et vaste square avec deux fontaines jaillissantes que la lueur de la lune embellissait de reflets irisés.

L'Impératrice acheta des bibelots, des verreries qui sont la principale industrie du pays, et une bague ancienne d'un émail assez singulier.

Mme de la Bédoyère et Mme de la Poëze témoignèrent le désir d'entrer dans les salles de jeu. Je désirais vivement les accompagner. L'Impératrice, n'y voulant point paraître, eut la complaisance d'attendre dans les voitures que notre curiosité fût satisfaite. Sa Majesté me remit un louis en m'engageant à tenter la fortune; nous entrâmes avec nos chapeaux de voyage, le voile sur le nez. C'était, du reste, la tenue générale; personne ne parut nous remarquer. Dans ces vastes salons, tous les regards étaient attachés, mornes et avides, sur les tables où l'on joue. Il y avait dans cette foule un silence profond qui me surprit. C'était la première fois que je me trouvais dans un tel lieu. Je m'approchai de la roulette et je laissai tomber au hasard le louis que je tenais.

Presque aussitôt on poussa devant moi un petit tas d'or! Il paraît que j'avais gagné. Notre curiosité étant satisfaite, nous nous hâtâmes de sortir. Le mouvement de la route et l'air pur dissipèrent fort heureusement l'impression pénible que j'avais ressentie.

La visite du Duc de Nassau fut une des premières que l'Impératrice reçut. Il engagea beaucoup Sa Majesté à diriger une de ses promenades vers un rendez-vous de chasse situé au milieu des forêts et assez voisin de Schwalbach. Il y allait souvent chasser le cerf à l'affût. C'est en

Allemagne, où ces animaux sont en grand nombre, un sport très en faveur.

Ce rendez-vous de chasse, que l'on nomme la Platte, est un grand pavillon sans caractère, planté au milieu des bois sur le sommet d'un cône élevé, sans parc ni jardin, mais admirablement situé. On découvre le Rhin avec toutes ses sinuosités s'étendant à perte de vue et baignant au passage toutes les villes qu'il rencontre : Mayence, Wiesbaden, Biberich ; plus de cent villages, puis au loin les Vosges qui ferment l'horizon. Sans une légère brume automnale nous aurions même pu apercevoir, nous dit-on, les flèches de la cathédrale de Strasbourg. Devant ce magnifique panorama, l'Impératrice se souvint qu'elle était déjà venue à la Platte en 1849, pendant un séjour aux eaux d'Ems.

Bien que cette rencontre ne fût pas préparée, le Duc de Nassau, entouré de sa petite cour, se trouvait à la Platte pour recevoir l'Impératrice.

Nous avons toujours soupçonné que, tenu exactement au courant de toutes nos démarches, on avait dû, sur son ordre, le prévenir par télégraphe lorsque dans la matinée on avait commandé les voitures pour l'excursion projetée ce jour-là. Le Duc fit présenter à l'Impératrice le registre de 1849, où Sa Majesté retrouva son nom Comtesse de Teba à côté de celui de la Comtesse de Montijo. Puis on apporta un registre neuf richement relié, sur lequel l'Impératrice signa. Après nous avoir prié de signer aussi, le Duc, fort galamment, déchira tous les autres feuillets en déclarant qu'aucun autre nom ne figurerait après celui de l'Impératrice.

Un lunch élégant était préparé, on nous servit, entre autres choses, des glaces aux noix dont je me souviens comme une des friandises les plus délicates que j'aie mangées. L'intérieur de l'habitation que le Duc nous fit visiter, était assez bizarre. L'ameublement, les fauteuils, les chaises, les divans, les garnitures de fenêtres, l'encadrement des glaces et des boiseries, tout avait été fait avec des bois de cerf encore munis de leurs andouillers ajustés à ces différents usages. Les sièges, recouverts de peaux de cerf, de renard, de sanglier, conservaient une apparence hérissée assez peu rassurante. On parvenait cependant à s'y asseoir sans accident. Le Duc, très amateur de chasse, nous expliqua que depuis plusieurs générations on avait conservé et utilisé ainsi la dépouille de tout le gibier abattu. Le vestibule autour duquel un vaste escalier montait en spirale était, du haut en bas, entièrement revêtu de magnifiques bois de cerf soigneusement étiquetés, portant chacun la date de la chasse dans laquelle ils avaient été pris.

— Voici celles de mon père, nous dit le Duc de Nassau en désignant tout un côté de l'escalier, et voici les miennes.

Quelques journées de pluie vinrent interrompre ces excursions. Madame de la Bédoyère avait un rare talent de musicienne. Elle se mettait au piano et jouait tout ce qu'on lui demandait. L'Impératrice aimait particulièrement la musique de Gounod; sous les doigts de la belle Comtesse de la Bédoyère les airs de *Faust* nous ravissaient. Des Tyroliens qui faisaient la tournée des eaux d'Allemagne en chantant demandèrent à se faire entendre. Un soir après le souper, d'exquises mélodies s'élevèrent du jardin où on les avait placés. Leurs voix étaient admirablement pures et le coup de gosier tyrolien arrivait seulement comme un accompagnement aux chants de leurs montagnes. Nous les rejoignîmes. La nuit était brillante d'étoiles et ces belles voix s'élevant avec une harmonie naïve et mélancolique au milieu d'un calme profond, nous tinrent sous le charme pendant plusieurs heures. Lorsqu'ils eurent cessé, l'Impératrice leur parla avec bonté et leur demanda de revenir. Leur troupe se composait de quatre hommes et d'une femme. Ils portaient le costume traditionnel avec les culottes et le gilet noir, la veste grise et le chapeau de feutre pointu à larges bords orné de la plume de coq et de glands d'or.

La femme était jolie et de belle taille ; elle portait le même chapeau et une étroite veste en velours décolletée carrément.

Le soir, en me déshabillant, ma femme de chambre me dit avec inquiétude :

— Il paraît, Mademoiselle, que les gens qui sont venus chanter ce soir sont très dangereux. La femme de chambre de Mme de la Poëze assure que ce sont de vrais brigands et qu'ils s'introduisent ainsi pour préparer de mauvais coups.

Je lui ris au-nez et la rassurai tout à fait en l'engageant à mettre le verrou de sa chambre, si elle était effrayée.

Le lendemain matin, l'hymne ne s'était pas encore fait entendre et je dormais lorsqu'on frappa à ma porte :

— Ouvrez, ouvrez-moi vite !

C'était Mme de la Poëze.

Elle avait passé à la hâte une robe de chambre et semblait sous le coup d'une vive émotion :

— Je crains qu'il ne soit arrivé un malheur cette nuit, me dit-elle. Ma femme de chambre a entendu du bruit, des cris chez l'Amiral ; elle dit qu'on a dû s'introduire chez lui pour l'assassiner.

Très émue, à mon tour, je me levai. La femme de chambre nous avait rejointes, elle renouvela son récit.

— Ce sont les Tyroliens qui auront fait le coup, nous dit-elle. Ils ont pensé que M. l'Amiral gardait l'argent de l'Impératrice et l'ont tué pour le voler. Je couche dans la chambre au-dessus de celle de l'Amiral. Vers deux heures du matin j'ai entendu du bruit, comme quelqu'un qui se débattait, et M. l'Amiral qui criait : « Dieu, prenez vos victimes. » J'ai très bien reconnu sa voix. Et puis plus rien. Je me suis bien gardée d'appeler du secours, car ces gens-là m'auraient certainement tuée aussi. Et ce n'est qu'au jour que je me suis décidée à sortir de ma chambre pour prévenir Madame la Comtesse.

Tout le monde dormait, et nous ne voulions pas appeler pour ne pas inquiéter l'Impératrice dont l'appartement communiquait avec le mien. Cette fille était tellement effrayée, que nous ne pûmes la décider à aller jusque chez l'Amiral pour avoir de ses nouvelles. Mme de la Poëze et moi, nous y allâmes.

Après quelques coups discrètement frappés :

— Quoi? qu'est-ce que c'est? nous répondit une voix encore ensommeillée, mais très sonore que nous reconnûmes aussitôt.

Alors, à travers la porte :

— Amiral, vous n'êtes donc pas mort?

— Comment! mort? Pas du tout; je me porte à merveille et je n'ai nullement envie de mourir.

— Alors, vous n'avez pas été assassiné?

— Moi assassiné! Quelle plaisanterie! J'ai dormi d'un somme; qu'est-ce qu'on me veut?

2.

Très rassurées, nous regagnâmes nos chambres et nous nous livrâmes à une gaieté d'autant plus vive qu'elle succédait à une réelle inquiétude.

Dès que l'Impératrice fut éveillée, nous lui fîmes le récit de cette scène. On interrogea de nouveau la femme de chambre, on l'accusa d'avoir rêvé. Mais elle s'entêtait dans son récit, et nous avions beau lui dire que l'Amiral venait de nous parler.

— C'est encore une ruse des Tyroliens, disait-elle, et je suis sûre que M. l'Amiral est mort. J'ai très bien entendu ses dernières paroles : « Dieu, prenez vos victimes. »

Enfin, l'Amiral en personne apparut, se dirigeant vers une première tasse de café.

— Amiral, m'expliquerez-vous ce qui vous est arrivé cette nuit ? lui dit l'Impératrice à travers les rires de chacun, car nous étions réunis et l'histoire avait déjà été contée plusieurs fois.

— Mais, Madame, il ne m'est rien arrivé du tout et j'ai dormi à merveille.

— Enfin, pourquoi crier au milieu de la nuit : « Dieu, prenez vos victimes » ?

L'Amiral, d'abord assez déconcerté, joignit ses rires aux nôtres. Il nous expliqua qu'avant de s'endormir, la veille, il avait lu quelques passages d'une tragédie ancienne dans laquelle se trouvait cette phrase.

— J'ai parfois des cauchemars, ajouta l'Amiral, et j'ai pu en rêvant crier : « Dieu, prenez vos victimes ! »

Tout s'expliquait.

La femme de chambre avoua qu'elle avait confondu les Tyroliens avec des bohémiens qui dans son pays commettaient des crimes affreux.

Les péripéties de cet incident avaient été si plaisantes, que nous avions à peine retrouvé notre sérieux en arrivant à la messe qui se disait dans la petite église décorée de fleurs depuis le portique et où chaque dimanche on célébrait l'office en grande pompe en présence de l'Impératrice.

Dans ce pays boisé et accidenté, les soirées de la fin de septembre étaient singulièrement froides. Il n'y avait aucune cheminée dans la villa, qui n'était qu'une résidence d'été. On ne pouvait plus songer à sortir après le souper, et au salon nous étions obligées de nous envelopper de manteaux pour ne pas grelotter. Un soir l'Impératrice, qui d'ordinaire ne portait aucune autre bague que ses anneaux de mariage, nous apporta, pour l'examiner, la bague qu'elle avait achetée à Wiesbaden. Elle paraissait dater du xvi° siècle. L'anneau en était curieusement travaillé et le dessus représentait un petit visage en émail, à demi caché sous le masque noir des dominos vénitiens. Il était entouré de cette légende en caractères anciens :

« Sous le masque la Vérité. »

Le chaton s'ouvrait dans l'intérieur, comme cela se voit souvent aux bagues anciennes. Ce masque, cette devise, ce chaton creusé excitaient notre curiosité. On fit mille conjectures, chacun émit une opinion différente sur l'origine de l'anneau.

— Il serait assez piquant, nous dit l'Impératrice, de comparer la différence des idées qui peuvent se produire sur un même objet, suivant la disposition de chaque esprit. Il faut que chacun de nous écrive une petite nouvelle en prenant pour texte la devise de cette bague. Nous les lirons en commun, et cela nous divertira.

Il fut convenu que la soirée du lendemain serait consacrée à cette lecture, et toujours sur le thème de la bague, la conversation prit un tour philosophique.

Rien n'était plus attrayant que la causerie familière avec l'Impératrice, qui avait une mémoire prodigieuse, se souvenait de tout et par un tour vif et naturel donnait de l'intérêt aux plus petites choses.

Et puis, tout à coup, au milieu d'un sujet banal, un grand coup d'aile, et Sa Majesté développait une largeur de vues, une naturelle éloquence unie à un grand fonds d'observation, de réflexion, de connaissance de la vie. Cette science avait été durement acquise. L'Impératrice était née et avait longtemps vécu avec les illusions d'une âme généreuse qui croit naturel d'être sincère, juste et bon ; qui pense que le mensonge, la lâcheté et la perfidie sont rares. Placée si haut, elle avait dû éprouver de douloureuses surprises en pénétrant les mobiles de tant d'actions humaines. Elle en ressentait encore parfois une amertume qui allait jusqu'à la la souffrance, et qui venait arrêter les élans d'une nature expansive et enthousiaste.

Avant de connaître des douleurs inouïes, l'Impératrice a réellement souffert, souffert jusqu'au découragement de ce malheur des grands qui ne peuvent jouir sans arrière-pensée des douceurs de l'amitié.

Lorsqu'avec une implacable finesse, l'Impératrice pénétrait le mobile égoïste de ceux qui ne semblaient rechercher sa confiance que par dévouement et pour qui, tout d'abord, elle avait ressenti de la sympathie, le bienfait s'échappait de ses mains avec la dédaigneuse hauteur d'une âme fière et blessée, mais la joie de voir heureux par nos soins ceux qui nous aiment était empoisonnée. Cette sensibilité, cette délicatesse du cœur, bien peu de personnes ont été à même de les comprendre.

L'Impératrice s'enveloppait d'une sorte de détachement apparent dans lequel bien des gens ont cru reconnaître de la raideur; on a été même jusqu'à l'accuser de sécheresse, de dureté. Tous les hommes, hormis les souverains, ont des amis qui les connaissent, qui les apprécient, qui ont le droit de les défendre. Tandis qu'il semble que tout soit suspect de la part de ceux qui ont vécu dans l'intimité des Princes et qui ont vu sous leurs yeux se dérouler certains événements dont seuls ils sont à même de rendre un témoignage exact. En même temps le public accueille sans contrôle des écrits dans lesquels la passion et l'intérêt éclatent par les contradictions mêmes de leurs auteurs. Le temps seul permet à l'historien désintéressé de dégager la vérité de ces contradictions.

Du reste, au milieu de nos crises perpétuelles, quelles souveraines, en France, ont échappé aux plus dures critiques ?

Toute la journée suivante fut occupée à préparer les nouvelles que l'Impératrice nous avait demandé d'écrire sur la devise de la bague!

Il est à remarquer que les personnes du monde ont la plupart assez de culture ou de dons naturels pour mener à bien certaines occupations auxquelles elles paraissent le plus étrangères. Pour se tirer heureusement d'une semblable épreuve, chacun avait fait de son mieux, et parmi ces contes plusieurs avaient un intérêt réel; tous étaient écrits dans un sens différent et avec goût. Cette tentative littéraire prépara une plaisanterie exécutée avec un grand mystère. Monsieur Frémy, gouverneur du Crédit foncier, étant aux eaux d'Allemagne, vint saluer l'Impératrice, qui le retint pendant quelques jours à Schwalbach.

En même temps que lui se trouvait à la villa le fils d'un aide de camp de l'Empereur, le Vicomte Lepic, un très jeune homme qui promettait de devenir un peintre de talent. Tous deux s'étant admirablement costumés et grimés se firent annoncer après le déjeuner, comme un couple de Tyroliens désireux de chanter devant l'Impératrice. Ils étaient absolument méconnaissables. Leurs costumes, composés, à la manière de Callot, de lambeaux pittoresques, leur étrange allure nous causèrent d'abord quelque inquiétude. Cependant, après de bizarres salamalecs, ils déroulèrent avec un grand sérieux une longue bande de papier ornée d'illustrations sur laquelle était transcrite une complainte qu'ils se mirent à chanter d'une voix plaintive et nasillarde.

C'était, sur le mode comique, les différents incidents du voyage de l'Impératrice à Schwalbach et en particulier le rêve de l'Amiral. Il fallut bien les reconnaître et ils obtinrent un grand succès de gaieté. Dans l'existence des souverains il y a des moments où il leur paraît singulièrement agréable de se donner l'illusion de la vie intime et où ils recherchent avec un réel plaisir les petites distractions qui sont à la portée de tous.

Parmi les visites que l'Impératrice reçut à Schwalbach il faut citer le Feld-Maréchal Wrangel, qui, avec ses quatre-vingts ans, venait de mener si vigoureusement la campagne du Danemarck.

Avec une ostentation un peu enfantine, il se plaisait à rappeler son grand âge, ses succès militaires et mondains, ses nombreuses campagnes. Très homme de cour, il était en même temps populaire à Berlin, où journellement il se promenait à cheval à travers la ville. Tous les gens du peuple, tous les gamins de Berlin, avec lesquels il entamait des colloques pittoresques, le connaissaient. Cette popularité lui plaisait et il l'entretenait en jetant des poignées de menue monnaie à ses interlocuteurs pour se débarrasser de leur familiarité lorsqu'ils devenaient importuns.

Pendant qu'ils se ruaient sur les pièces de monnaie, le vieux Maréchal s'échappait.

Tous les souverains du Nord semblaient s'être donné rendez-vous en Allemagne cette année-là.

On y vit l'Impératrice d'Autriche, « la plus jolie femme de son Empire », comme on disait si justement, à qui tout souriait alors, et qui était destinée elle aussi à connaître des douleurs tragiques : l'amoindrissement de la puissance de son époux à la suite de la guerre de 1866; la perte d'un fils unique, le brillant héritier du trône frappé par une mort obscure dans le plus bel âge de la vie. L'Empereur et l'Impératrice de Russie étaient à Darmstadt. L'Impératrice Marie Alexandrowna, Princesse de Hesse, après sa cure de Schwalbach, venait se reposer dans sa famille, où elle passait ainsi chaque année quelque temps parmi les siens, entourée de ses beaux enfants : le Cesarewitz Nicolas, les Grands-Ducs Alexandre, Vladimir, Alexis, Serge, Paul, la Grande-Duchesse Marie Alexandrowna, aujourd'hui Duchesse d'Édimbourg. L'Impératrice, dont la santé était devenue très frêle, devait aller passer l'hiver à Nice. C'est là que, quelques mois plus tard, le Cesarewitz Nicolas, un des Princes les mieux doués que l'on pût rencontrer, mourait, enlevé à l'âge de vingt et un ans, par une foudroyante maladie de poitrine. On commençait à parler tout bas de la liaison de l'Empereur avec une jeune Princesse de famille russe, la Princesse Dolgorouki, que l'Empereur, devenu veuf, épousa morganatiquement dans les dernières années de sa vie. L'Impératrice était une épouse tendre et passionnée. Bien que l'Empereur ne cessât jamais de lui prodiguer des témoignages de respect et d'attachement, elle souffrit jusqu'à en mourir de voir partager une affection que seule elle avait possédée jusque-là.

L'Empereur de Russie vint également à Schwalbach saluer l'Impératrice. Alexandre II avait quarante-six ans, mais il paraissait beaucoup plus jeune. Personne n'avait plus grand air, des façons plus imposantes.

Le Czar personnifiait admirablement la toute-puissance autocratique du chef de la nation russe, revêtu du triple caractère de père de son peuple, de souverain et de pontife. L'Empereur se montra bien réellement « le père de ce peuple », qu'il affranchit. Ses traits étaient réguliers, sa stature élevée et noble, ses cheveux blonds. L'Empereur portait la moustache avec des favoris. Il y avait une nuance de mélancolie et de mysticisme dans l'étrange éclat de ses yeux pâles.

Je remarquai au bras de l'Empereur une grosse chaîne d'or : c'est un usage russe assez répandu. Les hommes portent ainsi un signe apparent de leur servage auprès de la beauté. L'aide de camp du Czar, un lourd Moscovite qui n'avait rien de romanesque, portait également comme bracelet un anneau d'or. Cette visite fut particulièrement courtoise.

Cependant il fallait songer au retour.

Le Grand-Duc de Bade était venu renouveler les instances de la famille royale de Prusse pour que l'Impératrice consentît à s'arrêter à Bade. Après l'hospitalité que Sa Majesté avait reçue en Allemagne, il eût été plus que maussade de repousser tant d'instances.

D'accord avec l'Empereur, l'Impératrice ne crut pas devoir rentrer en France sans avoir donné ce témoignage de courtoisie aux souverains étrangers, et Sa Majesté accepta d'aller passer quelques heures avec la famille royale. La

Duchesse de Hamilton, fille de la Grande-Duchesse Stéphanie et cousine de l'Empereur, se trouvant à Bade, où elle avait conservé une résidence, il fut convenu que l'Impératrice s'arrêterait chez elle et de là ferait ses visites. L'itinéraire était assez embarrassant; car il était impossible alors de faire trois pas en Allemagne sans rencontrer quelque prince ou souverain.

On décida d'envoyer les gens de service et les bagages directement à Bade, afin de ne pas attirer l'attention par une suite trop nombreuse; tandis que, pour arriver à une heure plus commode, on coucherait à Mannheim.

L'Impératrice ne prit avec elle qu'une seule de ses femmes, et pour éviter les encombrements en chemin de fer, chacun de nous ne garda que les objets indispensables pour une nuit en route. L'Impératrice portait une toilette de voyage fort simple, un petit chapeau et une veste de loutre. Ces dames étaient aussi très simplement vêtues.

De nombreux touristes français circulaient comme nous. Rien ne pouvait nous faire remarquer. Nous arrivâmes à Mannheim dans un hôtel où des chambres avaient été préparées sous un

nom supposé, et l'incognito ne fut pas trahi.
Cependant, au milieu du repas, on apporta une
dépêche adressée au Comte de Cossé-Brissac. Il
ne la prit pas et sortit de table comme pour demander des explications. Après un moment, il revint
en disant qu'il avait refusé de recevoir cette
dépêche afin de ne pas trahir la présence de
l'Impératrice en se nommant. Le lendemain
matin nous quittions Mannheim afin d'arriver
à Bade vers midi. L'Impératrice pensait y trouver
ses bagages et avoir tout le temps de réparer le
désordre du voyage avant de rencontrer la Reine
et la Grande-Duchesse.

Mais en arrivant à Carlsruhe, la capitale du
Grand-Duché, nous vîmes la gare envahie par
une foule immense. Un état-major nombreux
attendait l'arrivée du train; des musiques militaires jouaient l'air de la *Reine Hortense*. Le
train était à peine arrêté que le roi de Prusse
lui-même, en grand uniforme, le casque en tête,
apparaissait à la portière du wagon-salon où se
trouvait l'Impératrice, lui demandant la permission de lui présenter le Grand-Duc, qui avait
tenu à saluer Sa Majesté dès son arrivée dans ses

États. Puis le Roi et son gendre, quelques officiers montèrent dans le wagon, et le train continua.

L'Impératrice avait assez bonne grâce en toute circonstance pour que cette rencontre imprévue ne lui causât point d'embarras. Cependant elle exprima sa surprise au Roi.

— Comment Votre Majesté ne m'a-t-elle pas prévenue que j'aurais le plaisir de la trouver ici? — Mais, dit le Roi, j'ai envoyé hier soir une dépêche au Comte de Cossé-Brissac pour lui dire que nous viendrions à Carlsruhe au-devant de Votre Majesté.

C'était cette dépêche du Roi que M. de Brissac n'avait pas cru devoir accepter.

En arrivant à Bade, ce fut bien autre chose. La gare était ornée de fleurs comme une salle de fête. La Reine de Prusse, la Grande-Duchesse dans des toilettes de cérémonie, toute la cour, toute la ville attendaient l'arrivée de l'Impératrice. Le premier échange de politesses eut donc lieu au milieu d'une foule nombreuse. Nos toilettes de voyage, assez défraîchies, déparaient cette réception de gala. Cependant l'Impératrice ayant exprimé le désir de se reposer un moment, les équipages de la cour, attelés en Daumont, nous conduisirent chez la Duchesse de Hamilton; mais ce fut à la condition expresse que Sa Majesté accepterait pour le soir le dîner officiel que la Grande-Duchesse méditait de lui offrir. Il fallut renoncer à quitter Bade ce jour-là. En arrivant au pavillon Hamilton, l'Impératrice, fatiguée de son départ matinal, du long entretien qu'elle avait eu en route avec le Roi, de la poussière et de la chaleur qui était tout à coup devenue très forte, commença par quitter ses vêtements qu'elle échangea contre un peignoir de toilette. Mais un quart d'heure ne s'était pas écoulé que le Roi de Prusse, fidèle aux lois de l'étiquette, se présentait pour rendre une visite à l'Impératrice. L'étiquette exigeait que Sa Majesté le reçût aussitôt. Les caisses n'étaient même pas défaites. Il fallut reprendre à la hâte le costume de voyage, qui se composait d'une jupe de soie noire et d'un corsage de lainage rouge, fort bien pour l'incognito en chemin de fer, mais un peu trop négligé pour recevoir officiellement une visite royale, en sorte que l'Impératrice dut remettre la veste en loutre, sous laquelle elle faillit étouffer pendant la conversation, qui dura bien encore une bonne demi-heure.

La cour de Bade était alors une des plus hospitalières à tout ce qui portait un nom français. La légation de Carlsruhe était un poste envié par les diplomates les plus favorisés. Nos artistes les plus en renom y trouvaient un accueil flatteur. Le high-life parisien y allait chaque année porter son élégance, son or, et ce mouvement mondain qu'il entraîne après lui. Tout le monde à Bade parlait français. A côté du Grand-Duc Frédéric, qui remplissait son rôle de souverain en véritable gentleman, la Grande-Duchesse Louise de Prusse était une Princesse aussi remarquable par l'intelligence et l'instruction que par la grâce et les plus attrayantes qualités.

Elle savait allier les devoirs d'une souveraine aux vertus d'une mère de famille; comme une simple bourgeoise elle entrait dans les plus petits détails de l'intérieur et même du ménage. Elle tenait ces habitudes de la Reine Augusta, qui, à défaut d'une influence politique qui lui échappa toujours, appliquait son activité aux mille détails de la vie.

3.

Tous les sentiments qui honorent une femme et une souveraine, la Grande-Duchesse savait les concilier. Mais ce qui domina dans son cœur, ce fut l'admiration, le culte qu'elle eut pour son père. Il y avait entre le Roi de Prusse et sa fille une de ces sympathies étroites, une de ces tendresses réciproques comme il peut en exister entre un père affectueux comme était le Roi et une fille telle que la Princesse Louise. Ils mettaient en commun toutes leurs pensées, tous leurs intérêts. L'ascendant que la Grande-Duchesse sut prendre sur l'esprit de son époux permit, lorsque l'heure fut venue, au Grand-Duché de Bade de fondre sans secousse sa souveraineté dans le grand empire de Guillaume Ier.

Tandis que le Roi s'entretenait avec l'Impératrice, nous avions à la hâte changé nos costumes de voyage contre des toilettes mieux en rapport avec la réception qui se préparait. L'Impératrice, aussitôt libre, fut prête en quelques moments et bientôt Sa Majesté alla rendre visite à la Reine Augusta, chez qui se trouvaient le Grand-Duc, la Grande-Duchesse, les deux cours réunies. Tandis que les souverains s'entretenaient dans un salon particulier, nous étions l'objet des attentions les plus empressées de la part des dames et des officiers allemands, parmi lesquels Madame de la Poëze et Madame de la Bédoyère avaient retrouvé quelques personnes de connaissance. Il y avait, entre autres, la Comtesse de Lynar, demoiselle d'honneur de la Reine, belle et charmante jeune femme qui était sœur d'un des attachés de l'ambassade de Prusse à Paris. Le service d'honneur de la Reine était fait par des demoiselles d'honneur. En Prusse comme en Russie et en Angleterre, les dames du palais n'exercent qu'une charge de cour honorifique et n'accompagnent les souveraines que dans les cérémonies officielles.

La Reine Augusta, douée d'une santé excellente, avait la vie la plus active que l'on puisse imaginer. Pendant son séjour à Bade, bien que toutes les soirées fussent consacrées à des réunions ou à des représentations théâtrales qui se prolongeaient assez tard, la Reine était levée tous les jours à six heures, et en suivant sa cure d'eaux elle faisait de longues courses qu'elle prolongeait pendant quatre ou cinq heures, soit dans les beaux parcs de Bade, soit dans l'allée de Lichtenthal, le rendez-vous des promeneurs élégants. C'est une route bordée d'arbres séculaires, décorée de parterres, de jets d'eau, de statues et qui conduit au milieu d'élégantes villas au village de Lichtenthal, où l'on trouve dans une antique abbaye la sépulture des anciens Margraves de Bade.

La Comtesse de Lynar, qui parlait le français avec la pureté d'accent et l'esprit fin d'une Parisienne, nous raconta que la Reine, infatigable, avait dû arranger pour ses promenades « un relais » de dames, ne pouvant en trouver aucune capable de la suivre sans tomber malade de fatigue au bout de quelques jours. La cour de Prusse et la cour grand-ducale nous offraient un champ d'observations tout nouveau. A côté de l'élément militaire toujours si correct en Allemagne, et de quelques personnalités brillantes et sympathiques telles que la Comtesse de Lynar, on se serait cru transporté de cent ans en arrière. C'était une foule surannée de courtisans à l'échine souple, à la physionomie fermée, à l'allure compassée et discrète, bredouillant sans qu'il s'y mêle aucune pensée toutes les formules du protocole. Dans leurs uniformes démodés ils semblaient oubliés par le temps depuis l'époque du grand Frédéric et de Voltaire.

La journée fut vite passée entre les visites, le lunch et quelques excursions dans la ville. Il fallut rentrer pour s'habiller en hâte afin d'aller dîner chez la Grande-Duchesse.

Un axiome de cour souvent mis en pratique dit qu'il faut s'asseoir chaque fois qu'on en trouve l'occasion et demander toutes les places vacantes. On pourrait ajouter : Avoir toujours une toilette de cérémonie au fond de ses caisses. Fort heureusement nous y avions songé et nous nous trouvâmes en mesure d'entourer convenablement l'Impératrice. Le soir, pour le dîner, l'apparition de Sa Majesté et de sa suite dans les salons de la Grande-Duchesse put effacer l'impression que notre arrivée du matin avait dû produire à la honte de la bonne renommée de l'élégance française. Le palais du Grand-Duc, à Bade, est une résidence d'été. Placé sur une éminence, il domine la ville. C'est une vaste demeure, bâtie dans le style de la Renaissance, dont l'aspect est harmonieux et grandiose.

La disposition intérieure des appartements a fort grand air. L'Impératrice y fut accueillie par toute la famille royale avec la plus extrême courtoisie. Après un repas somptueux il y eut réception, présentation, puis on fit de la musique. Mme Viardot, la grande cantatrice, passait une partie des étés à Bade, attirée par la Reine de Prusse, qui admirait beaucoup son talent, et qui l'honorait d'une sympathie toute particulière. Elle chanta pour l'Impératrice quelques-uns de ses plus beaux airs.

On demandait avec instances à l'Impératrice de prolonger son séjour. Sa Majesté s'excusa sur ce qu'elle avait déjà reculé son départ de vingt-quatre heures. L'Empereur l'attendait. Le train impérial était arrivé, et il fallait rentrer en France. La Reine Augusta accablait l'Impératrice de prévenances, de témoignages affectueux. Elle insista vivement pour que Sa Majesté vînt prendre « le café » chez elle le lendemain matin à huit heures, avant de partir. En effet, il fallut reprendre les costumes de réception, et à huit heures précises nous arrivions chez la Reine, où une sorte de lunch était préparé. Toute la famille royale, les deux cours étaient de nouveau réunies, et, en dépit de l'heure matinale, chacun était en grande tenue. La Reine portait une robe de taffetas bleu clair garnie de dentelles blanches, un chapeau bleu orné de plumes.

La Reine avait alors cinquante-trois ans, elle était assez grande ; de beaux yeux bruns, des traits qui avaient conservé de la grâce, bien que le visage fût fatigué et terni, en dépit d'un maquillage savant. La Reine avait les cheveux châtains arrangés en larges bandeaux bouffants et ondulés tels qu'on les portait vingt-cinq ans auparavant.

La Reine Augusta, la future Impératrice d'Allemagne, avait un rôle pénible et ingrat, au milieu de cette cour où s'agitaient les plus vastes conceptions, mêlées aux plus étroites intrigues.

La désunion du Roi et de la Reine n'était un secret pour personne. Mariée en 1829, à l'âge de dix-huit ans, avec Guillaume, Prince héréditaire de Prusse, elle quitta à regret la cour de Saxe, où elle avait vécu jusque-là exempte d'ambition, consacrant tout son temps à la culture de son rare esprit. La Reine avait connu Gœthe à Weimar ;

toute jeune encore, elle s'enthousiasma pour son génie. On raconte des traits touchants de la jeune Princesse auprès de ce grand vieillard, qui fut la gloire de son temps et de son pays. L'esprit militaire dominait à la cour de Prusse et des difficultés politiques de tous genres se multipliaient autour de Frédéric-Guillaume, qui exerça avant de régner les fonctions délicates de Régent.

Dès l'origine du mariage, des malentendus douloureux éclatèrent entre les jeunes époux, cependant si bien doués tous deux, mais trop différents, trop étrangers l'un à l'autre. A plusieurs reprises la mésintelligence devint si aiguë, que la Princesse Augusta se réfugia à la cour de Saxe, voulant briser une union dans laquelle tous ses goûts, toutes ses idées se trouvaient froissées.

Cependant la Princesse était ambitieuse, de hautes influences parvinrent à la calmer en lui faisant entrevoir la grandeur du rôle de souveraine. Le Prince avait dans le caractère un fonds de bonhomie qui rendit les rapprochements faciles ! Puis les enfants vinrent ! Donner un héritier à un trône est pour toutes les Princesses un sujet d'orgueil et d'intérêt qui rehausse les joies de la maternité. La vie commune continua, mais les années n'apaisèrent pas une irritation qui prenait toutes les formes de l'antagonisme, de la taquinerie et dont l'influence ne tarda pas à se faire sentir d'une manière regrettable pour la bonne harmonie de la vie de cour à Berlin. Du côté du Roi, tout ce qui entourait la Reine était considéré comme futile, pédant, dévoué à l'intrigue. Tandis que, chez la Reine, on reprochait à l'entourage du Roi ce que l'on appelait les goûts soldatesques, l'esprit lourd et grossier. Excepté pour se réunir auprès de leur fille bien-aimée, la Grande-Duchesse de Bade, le Roi et la Reine évitaient chacun de leur côté de se trouver ensemble! Dès que le Roi arrivait à Berlin, la Reine avait un prétexte pour s'éloigner. Il en était de même dans toutes les résidences royales. Cela créait dans l'entourage royal des scissions, des conflits qui envenimaient une situation pénible et rendaient à chacun la vie plus difficile encore. Même lorsque les susceptibilités, les emportements de la jeunesse se furent apaisés, la désunion régnait toujours. Le Roi, entouré de ses puissants conseillers, écoutait leurs avis avec une abnégation patriotique qui prenait sa source dans la confiance absolue qu'ils avaient su inspirer à un Prince juste et par-dessus tout épris de la grandeur de son pays.

La Reine, fort instruite, d'un esprit supérieur, au courant, par des liens de famille, de tout ce qui se passait dans les cours étrangères, souffrait de se voir réduite aux attributions étroites d'une femme dont le rôle ne doit pas dépasser les limites de son salon. Les partisans de la Reine, reconnaissant en elle de rares qualités, espéraient que l'âge, le temps, lui permettraient de prendre sur l'esprit du Roi une influence qui semblait devoir lui appartenir, et l'encourageaient à ne pas renoncer à la lutte. La Reine, ayant devant elle des adversaires inattaquables et qu'elle ne devait jamais dompter, s'était dédommagé en se créant un cercle où du moins elle rayonnait par l'esprit. Malheureusement, les papotages mondains et les compétitions mesquines l'avait envahi. Très supérieure par les dons intellectuels, la Reine se vit constamment reléguée au second plan, ne se résigna jamais. Bonne et généreuse, son caractère avait de la grandeur. Cependant ces luttes, ces déceptions perpétuelles créaient autour d'elle une atmosphère d'agitation qui influait sur sa manière d'être.

La Reine tenait à paraître aimable et elle l'était jusqu'à l'affectation. Elle parlait avec une prolixité qui ne laissait pas à son interlocuteur le temps de répondre, enchaînant les idées, les réflexions, les récits, comme dans un monologue où elle se serait proposée d'épuiser tous les sujets. S'étant étudiée à prendre une attitude, à jouer un rôle qui lui donnait une surface apparente, en rapport avec ses mérites et son rang, la Reine offrait des contrastes presque choquants. Elle manquait de naturel. Tout dans sa personne comme dans sa toilette était apprêté, elle employait avec beaucoup de hauteur des expressions familières, « Ma chère » arrivait sur ses lèvres après quelques phrases où elle se chargeait elle-même des demandes et des réponses, tenant à paraître au courant de tout, connaissant tout le monde et, du reste, extraordinairement au fait et renseignée sur tous les sujets. Assise sur un canapé auprès de l'Impératrice, qu'elle voyait pour la première fois, elle lui serrait les mains avec effusion, l'entretenant, sans la regarder, sans lever les yeux, de tout ce qui la touchait et pouvait l'intéresser, d'une façon aussi intime que si elle l'avait connue toute sa vie. La Reine parlait le français très purement et presque sans accent. Elle lisait tous les ouvrages, tous les journaux qui paraissaient en France, et connaissait nos écrivains, qu'elle appréciait avec un très bon jugement. La Reine avait une grande tendresse pour son fils, le Prince Frédéric-Guillaume, dont la mort prématurée fut si regrettable : celui-là que pendant la campagne de 1870 le Roi de Prusse nommait avec un orgueil paternel « notre Fritz », dans les bulletins de victoire adressés journellement à la Reine. Le mariage du Prince royal avec la Princesse Victoria, fille aînée de la Reine d'Angleterre, n'apporta pas à la Reine Augusta toutes les consolations qu'elle était en droit d'espérer. La jeune Princesse, d'un caractère très indépendant, d'un esprit ferme et viril, se consacra exclusivement aux joies intimes de son intérieur, se mêlant peu aux démêlés de la cour. Comme elle ne voulait pas prendre parti entre son beau-père et sa belle-mère, il se forma autour d'elle une autre cour où l'on était préoccupé surtout de ce qui intéressait l'avenir de son époux. En 1870, la Reine Augusta, qui avait cependant bien peu d'action sur la volonté de ceux qui décidaient alors du sort de nos soldats, mit tout en œuvre pour adoucir le traitement des prisonniers de guerre et pour faire fléchir certaines rigueurs qu'elle réprouva hautement comme femme et comme souveraine. Jusque dans l'âge le plus avancé, la Reine, devenue Impératrice, accablée de maux et d'infirmités, déploya une énergie extraordinaire pour maintenir les prérogatives de son rang. Elle paraissait encore dans les réceptions officielles, incapable de se mouvoir, n'ayant presque plus rien de vivant que son brillant esprit et la dignité souveraine, qu'elle conserva jusqu'à la fin de sa vie. C'est seulement dans cette entrevue de Bade que l'Impératrice eu l'occasion de se rencontrer avec la Reine Augusta. L'Impératrice de Russie, l'Impératrice d'Autriche et la Reine Augusta furent les seules souveraines qui ne vinrent pas en France pendant le règne de Napoléon III. L'habitation des Rois de Prusse à Bade avait les proportions d'une grande villa et plutôt l'aspect d'un pied-à-terre provisoire que d'une demeure royale. A cette réception matinale les rafraîchissements consistaient surtout en café au lait, l'aliment qui répond à tous les besoins de la consommation en Allemagne et que l'on sert à toute heure. Il y avait aussi en l'honneur des Français du thé, du chocolat, de la viande froide et une variété de petits pains de toute sorte. De très belles pièces d'argenterie faisaient tout le luxe du service, qui n'avait pas cette élégance recherchée à laquelle nous étions accoutumés.

C'était à neuf heures quarante que le départ avait été fixé. On se sépara avec les démonstrations les plus sympathiques. Le Roi et tout le personnel de la cour accompagnèrent l'Impératrice jusqu'à son wagon. Un vieux chambellan, qui avait été particulièrement attentionné pour moi et qui se confondait en politesses, voyant l'Impératrice prête à monter dans le train, s'interrompit tout à coup au milieu d'un compliment et me dit :

— Il faut que j'entende ce que l'Impératrice va dire au Roi. C'est dans les dernières paroles que se trouve résumé tout l'intérêt d'une situation comme celle que nous venons de traverser. Et, flageolant sur ses jambes maigres, il s'éloigna brusquement. Le dernier mot de l'Impératrice fut : « Au revoir. »

En arrivant à Saint-Cloud à sept heures du soir, l'Impératrice trouva une dépêche de la Reine de Prusse, qui l'avait devancée ! Elle était ainsi conçue :

« Baden, 5 octobre 1864, 6 heures 25 du soir.

« *A Sa Majesté l'Impératrice, Saint-Cloud.*

« Permettez-moi de m'informer de votre bonne
« arrivée.

« Je me joins au Roi et à mes enfants pour
« vous exprimer l'excellent souvenir que nous
« gardons de votre présence.

« Augusta. »

Dans la soirée, Sa Majesté recevait une autre dépêche de la Grande-Duchesse :

« Baden, 5 octobre 1864, 9 heures 30 soir.

« *A Sa Majesté l'Impératrice, Saint-Cloud.*

« Nous espérons que Votre Majesté est heu-

« reusement arrivée et qu'Elle ne se ressent
« pas trop des fatigues du voyage.

« Le Grand-Duc et moi nous la prions de rece-
« voir tous nos sincères hommages.

« Louise. »

CHAPITRE II

Saint-Cloud. — Appartements de Leurs Majestés. — Court historique du Palais. — Louis XVIII. — Charles X. — Napoléon. — Louis XVI. — Louis XIV. — Monsieur. — Création du Palais et des jardins. — Madame Henriette d'Angleterre. — Fêtes données au Grand Roi. — Henri IV. — Origines de Saint-Cloud. — Incendie et pillage du Palais. — Promenades matinales de l'Impératrice. — Bonté de Sa Majesté. — Les grandes eaux de Versailles la nuit. — Déjeuner des Ministres — La Fête de l'Empereur. — Convocation. — La messe. — Promenade dans Paris. — Attitude de la foule. — Tentative d'incognito. — M. Hyrvoix.

5 oct 1864

L'Impératrice revenait de Schwalbach tout à fait rétablie; pour moi, je revoyais avec joie Saint-Cloud, qui était, à mon avis, une des plus agréables résidences de la cour. Bien que vaste et somptueux, ce palais n'avait pas les proportions immenses de Fontainebleau, la solennité des Tuileries, les lignes sévères et un peu monotones de Compiègne. On y avait un peu plus le sentiment du *home*. On y était mieux réunis. Et puis cet admirable enveloppement des frondaisons du parc d'un côté, de l'autre le panorama de Paris, les beaux bois d'alentour, les jardins aux belles lignes fleuries, les promenades familières donnaient beaucoup de charme à la vie de Saint-Cloud. Ce n'était pas cependant la demeure préférée de l'Impératrice. Bien qu'on y passât plusieurs mois chaque année dès le commencement de l'été, lorsque le séjour des Tuileries devenait fatigant par la chaleur, puis à l'automne au retour de Biarritz, l'Impératrice n'y avait pas fait une installation créée par elle et tout à fait personnelle, ainsi qu'elle existait aux Tuileries dans les petits appartements, à Fontainebleau, où Sa Majesté se plut à rassembler une collection de la plus grande rareté dont on composa le salon chinois; à Compiègne, où le cabinet de l'Impératrice était une des merveilles des palais impériaux.

Les appartements occupés par Leurs Majestés à Saint-Cloud comprenaient toute l'aile droite du palais. La chambre à coucher de l'Impératrice était placée à l'extrémité et par les cinq immenses fenêtres on découvrait Paris encadré dans un horizon d'une vaste étendue. C'était l'ancienne chambre de Monsieur, frère de Louis XIV, par qui le palais fut édifié. On y voyait en dessus de portes le portrait de Madame Henriette d'Angleterre et celui de la Princesse palatine, mère du Régent, la première et la seconde femme de Monsieur. Dans le cabinet de travail de l'Impératrice se trouvait un bureau en marqueterie à cylindre dont les contours étaient élégamment ornés par des statuettes en bronze doré représentant deux femmes, sortes de chimères dont le torse élancé se contournait en suivant le mouvement du meuble. Ce bureau, très remarquable comme composition et comme perfection de travail, avait appartenu à la Reine Marie-Antoinette. Dans le grand salon qui suivait, l'Impératrice donnait ses audiences. Il était orné de quatre tableaux en tapisserie de Beauvais, le portrait de Marie-Antoinette avec ses enfants, d'après Madame Lebrun, celui de la Princesse de Lamballe et deux autres. Puis venait le salon vert où l'on se tenait habituellement le soir, et le salon de service ou salon rouge. Sur les tentures de soie étaient suspendus des tableaux d'artistes contemporains acquis par l'Impératrice aux expositions de peinture ou bien exécutés sur les ordres de Sa Majesté ; on y voyait, des Calame, des Fromentin, des Wilhem merveilleux. Toutes les pièces en enfilade donnaient du côté du parc sur les jardins réservés. Un étroit balcon, ou plutôt une sorte de corniche entourée d'une rampe de fer, courait tout le long des appartements et aboutissait à la terrasse sur laquelle donnait l'autre façade du palais; pour éviter de traverser les appartements, l'Impératrice prenait souvent ce passage extérieur, que l'on voit encore suspendu au-dessus des parterres et sur lequel s'ouvraient de plain-pied les portes-fenêtres de la chambre de Sa Majesté et les salons. Le soir les gardiens du jardin privé fermaient une petite grille placée en travers de ce passage, qui aurait donné un accès trop facile à cette partie de l'habitation des souverains. Les appartements de l'Empereur étaient situés au revers de ceux de l'Impératrice et donnaient sur la cour d'honneur. Le Prince Impérial occupait la façade du milieu, au-dessus de l'escalier d'honneur. Pour permettre au Prince de sortir librement sans descendre par les grands appartements, on avait jeté un léger pont de fil de fer qui reliait l'aile gauche du palais à la partie haute du parc, où l'on voyait un manège en plein air. C'est là que le Prince prenait très régulièrement ses leçons d'équitation avec Monsieur Bachon, son écuyer. Ce pont, suspendu à une assez grande hauteur, était tout enveloppé de lianes et de plantes grimpantes. C'était comme la suite du grand corridor qui traversait tout le corps principal du palais. C'est dans cette partie qu'étaient les appartements destinés aux personnes de la cour qui séjournaient à Saint-Cloud pendant leur semaine de service; car à Saint-Cloud, comme à Paris, le service changeait tous les huit jours. A part quelques personnes tout à fait intimes ou de la famille, telles que la Comtesse de Montijo, la Duchesse de Malakoff ou bien des souverains, lorsqu'ils venaient en France pendant les mois d'été, on ne faisait pas à Saint-Cloud d'invitations par séries comme dans les autres résidences impériales.

Ce palais fut le théâtre d'événements historiques considérables. C'est dans le conseil des ministres tenu à Saint-Cloud que fut décidée la guerre de 1870. C'est de là que l'Empereur et le Prince Impérial partirent pour la campagne. C'est là que l'Impératrice eut la douleur d'apprendre les premières défaites et qu'alors quittant Saint-Cloud dans la nuit du 6 au 7 août, Sa Majesté rentrait précipitamment aux Tuileries, menacée tout à la fois par la guerre étrangère et par la Révolution.

C'est à Saint-Cloud que l'Impératrice avait passé les premières semaines de son mariage. Peu de mois auparavant, le 7 novembre 1852, le Sénat était venu y offrir au Prince-Président la couronne Impériale.

Charles X signa les ordonnances à Saint-Cloud, d'où il s'éloignait le 28 juillet 1830 pour aller se réfugier à Rambouillet. Le 16 août suivant, il quittait la France en Roi détrôné, pour n'y plus rentrer.

En 1815, Saint-Cloud avait déjà reçu la visite de l'ennemi. On raconte que le général Blücher affecta le plus orgueilleux cynisme en faisant saccager une des demeures préférées de Napoléon et qu'il se coucha tout armé dans le lit de l'Empereur, déchirant les tentures avec les éperons de ses bottes.

C'est à Saint-Cloud qu'avait été célébré, le 10 avril 1810, le mariage de Napoléon avec la jeune archiduchesse Marie-Louise. C'est là que Pie VII donna le baptême au Roi de Rome. C'est encore à Saint-Cloud qu'eut lieu le 18 brumaire, ce premier acte qui porta le Général Bonaparte sur le chemin du trône.

Ce palais avait été acheté par la Reine Marie-Antoinette, qui le paya six millions au Duc d'Orléans, petit-fils du Régent. Saint-Cloud tomba ainsi dans le domaine de l'État. Les grands appartements de Versailles devaient subir des réparations importantes. On chercha une résidence où la famille de Louis XVI pût attendre que ces longs travaux fussent exécutés. On choisit Saint-Cloud.

En 1785, le Roi, la Reine et leurs enfants y fixèrent leur séjour, après y avoir fait faire de notables changements dans la disposition intérieure des appartements. On ne résida plus à Versailles que lorsque les événements politiques forcèrent le Roi à se rapprocher des parlements.

Louis XIV, ayant eu la pensée d'acquérir quelque grand domaine aux environs de Paris pour l'offrir en présent à son frère, Monsieur, Duc d'Orléans, vint visiter Saint-Cloud, qui appartenait alors à un fermier général du nom d'Hervard.

Le Roi y fut traité avec une grande magnificence, et la beauté du site le frappa. Le cardinal de Mazarin, qui accompagnait Louis XIV, après de grandes louanges sur cette magnifique résidence, s'adressant à M. Hervard :

— Vous avez dû dépenser des millions ici, lui dit-il.

M. Hervard, ne voulant pas paraître s'être enrichi aux dépens des deniers publics, s'en défendit. Il s'exclama, disant que les frais n'avaient pas été à beaucoup près aussi considérables qu'on pouvait le croire et que le domaine ne coûtait pas plus de cent mille écus.

Le lendemain il recevait la visite d'un notaire royal pour le prier, au nom de Louis XIV, de céder sa résidence à Monsieur. L'acte de vente était dressé au prix de 300 000 francs. Il n'y avait plus qu'à s'exécuter. Hervard signa d'assez mauvaise grâce l'abandon de ce domaine que lui-même avait évalué à si bas prix, et qui lui coûtait en réalité plus de deux millions. C'est là l'origine moderne du palais de Saint-Cloud.

Monsieur s'y établit avec la pensée de créer une résidence capable de rivaliser par le luxe et l'élégance avec les splendeurs créées par Louis XIV à Versailles. Ayant acquis deux domaines voisins, pour donner plus d'étendue à ses nouvelles propriétés, il choisit Lepautre comme architecte du palais. La grande cascade est son œuvre.

Le Nôtre fut chargé de l'embellissement des jardins, et le Duc d'Orléans fit venir de Rome Mignard, auquel il confia la décoration des appartements. Notre grand peintre français se surpassa dans l'admirable exécution de cette œuvre, où la grandeur et l'originalité de la composition n'enlevaient rien à la grâce, à la variété et à la perfection artistique du travail.

Les peintures de la galerie d'Apollon étaient encadrées de larges bordures sculptées et dorées du plus somptueux effet. Charles Blanc, dans son *Histoire des Peintres*, l'apprécie ainsi : « L'histoire
« d'Apollon depuis le moment où il vient au
« monde sur les genoux de Latone jusqu'à celui
« où il préside le concert des Muses sur le Par-

« nasse, fut le sujet que Mignard se proposa, et il
« le comprit avec art, avec abondance, avec une
« grâce toute française, y faisant entrer les idées
« les plus ingénieuses, se souvenant à propos de
« Carrache et de Jules Romain, du palais Farnèse
« et de Mantoue, et jamais il n'employa des tons
« plus clairs, plus brillants et plus chauds. »

En outre, quatre-vingts tableaux des plus grands peintres ornaient cette galerie. Ils ont pu être enlevés avant l'incendie, grâce à la vigilance de M. Williamson, directeur du garde-meuble, et de M. Schneider, régisseur du palais, qui montra un grand dévouement, une rare énergie vis-à-vis des Allemands et qui parvint à préserver ce que l'on put sauver de nos richesses menacées par le pillage et l'incendie. Ces portraits de tous les personnages de la famille royale formaient des médaillons placés au-dessus des vingt-quatre fenêtres de la galerie d'Apollon. Chacun de ces portraits, suivant la mode du temps, était accompagné d'emblèmes et de devises.

Auprès du portrait de Louis XIV on voyait un porc-épic sur un bouclier avec ces mots : « *Tot tela quot hostes.* »

C'est à Saint-Cloud que retentit ce cri funèbre : « Madame se meurt, Madame est morte, » qui inspira à Bossuet, dans des accents d'une immortelle éloquence, un de ses plus beaux enseignements sur la puissance et la grandeur des rois, si fragiles dans la main de Dieu.

Madame, la charmante Princesse Henriette d'Angleterre, dont Madame de Lafayette nous a laissé un noble et séduisant portrait avec le récit de sa courte vie et de sa fin tragique, fit beaucoup pour les embellissements de Saint-Cloud. On sait que cette Princesse, d'une intelligence supérieure, avait en toute chose une grâce incomparable, et cependant : « Madame était fort maigre, dit Mademoiselle de Montpensier dans ses *Mémoires*, mais elle était très aimable avec un agrément qui ne se peut exprimer à tout ce qu'elle faisait. Elle était fort bossue et on la louait toujours de sa belle taille. La Reine d'Angleterre avait un tel soin de son habillement, que l'on ne s'en est aperçu qu'après qu'elle a été mariée. » Saint-Cloud, au temps de la splendeur de Louis XIV, fut un séjour de fêtes. La cour, qui entourait alors un souverain jeune et galant, réunissait un grand nombre de

Princes, de Princesses, de seigneurs, de dames ayant le goût du luxe et des plaisirs. Ce fut comme une émulation pour organiser les divertissements les plus variés.

Anne d'Autriche avait une prédilection pour son second fils, le Duc d'Orléans. Elle venait souvent le visiter à Saint-Cloud. Le Roi s'y plaisait et les écrits du temps sont remplis de la description des fêtes dont cette royale demeure fut le théâtre.

Dans les beaux jours de l'été, le Roi y venait de Paris par eau sur des galiotes somptueusement décorées qui étaient suivies d'une multitude de barques chargées de courtisans et de musiciens.

On trouve dans la *Gazette de France* du 11 août 1672 le récit complet d'une fête donnée au Roi par Monsieur dans son palais de Saint-Cloud. A l'aide de ce récit on peut reconstituer le genre de divertissements à la mode du temps; on peut aussi se rendre compte de l'ancienne disposition des jardins.

On y verra que l'usage de mélanger des nœuds de rubans aux fleurs, comme on le fait aujourd'hui, n'est pas une mode nouvelle.

« Le 11 août 1672, Monsieur reçut le Roi à Saint-

« Cloud et lui donna une fête dont nous allons
« donner un précis.

« Sa Majesté s'y rendit, profitant du plus beau
« temps possible, sur les cinq heures du soir, avec
« une grande quantité de seigneurs de sa cour.

« Le Roi entra d'abord dans le vestibule, où il
« trouva de quoi satisfaire agréablement la vue et
« l'odorat, par quantité de cuvettes et de pots de
« fleurs dont il était orné, ainsi que la balustrade
« de l'escalier, tout au pourtour, depuis le haut
« jusqu'en bas.

« De ce vestibule, Sa Majesté passa dans l'allée
« d'eau qui est vis-à-vis l'appartement de Mon-
« sieur, laquelle se trouva aussi remplie de quan-
« tité de vases et de fleurs, sur des escabeaux de
« gazon disposés le long des bassins avec une
« symétrie qui en augmentait l'agrément.

« Cette riante allée était bornée encore par
« d'autres vases élevés à trois étages entre les
« jets d'eau d'une terrasse qui la termine, et une
« perspective qui en fait l'enfoncement; et afin
« qu'aucun des sens ne pût se plaindre du plaisir
« des autres, il y avait des hautbois cachés sous
« des berceaux, qui jouaient d'agréables airs, les-

« quels, charmant l'oreille, augmentaient la joie
« de cette royale compagnie.

« Là Sa Majesté et la compagnie montèrent dans
« des calèches préparées pour la promenade dans
« un lieu si riant, que la beauté du ciel rendit
« encore plus agréable.

« Elle se fit le long de la cascade du grand jet
« d'eau, des boulingrins et du bassin des treize fon-
« taines, autant d'objets capables de rendre une
« promenade tout à fait charmante.

« La compagnie descendit de ce lieu au cabinet
« appelé le cabinet de l'*Aigrette*.

« Il est caché dans des palissades dont il est
« environné, et qui forment un labyrinthe qui en
« défend l'entrée; de manière qu'on ne la trouve
« qu'après l'avoir cherchée par des allées qui se
« confondent les unes dans les autres, mais où
« il est si plaisant de s'y égarer, qu'on n'a pas
« moins de plaisir, dans cet égarement, que de se
« trouver ensuite dans ce cabinet, qui fournit à la
« vue une diversité merveilleuse d'objets dont
« elle est comme enchantée.

« Il est orné tout autour de sièges et de
« carreaux de gazon, avec des pyramides aux

« quatro coins, et du milieu il sort une aigrette
« d'eau des plus belles, de laquelle il tire son
« nom.

« Mais ses ornemens se trouvaient fort augmen-
« tés par des vases d'orangers et de tubéreuses,
« dont ces sièges et ces pyramides étaient char-
« gés ; il y avait, de plus, une infinité de guirlandes
« et de festons de fleurs, dont le même cabinet
« était tout semé ; tellement qu'il semblait que la
« déesse à qui appartiennent ces trésors les y eût
« prodigués pour les mêler aux lauriers que le
« Roi venait de moissonner.

« Tandis que cette auguste assemblée se lais-
« sait charmer par la vue et l'odorat, par la déco-
« ration et les parfums d'un réduit si délicieux,
« elle fut agréablement surprise par un excellent
« concert de violons cachés derrière les palissades,
« dont l'ouïe fut aussi très satisfaite.

« Le jour ayant commencé à décliner pour faire
« place à une aussi belle nuit, on sortit, non sans
« peine, de ce lieu qui semblait enchanté, pour
« monter à un pavillon que Son Altesse Royale
« venait de faire bâtir depuis peu au bout de la
« grande allée, en forme de terrasse.

« Le Roi en trouva les appartemens extraordi-
« nairement parés, avec encore une quantité pro-
« digieuse de fleurs, soutenues par des baguettes
« d'argent et nouées par une grande diversité de
« rubans dans des cuvettes et des porcelaines ; ce
« qui produisait un effet admirable, tant par la
« disposition dans laquelle l'art les avait rangées,
« que par les nuances si différentes, et de ces ru-
« bans et de ces fleurs. On servit dans ce charmant
« pavillon une collation où la magnificence et le
« goût parurent également : elle fut composée
« des mets les plus exquis, avec une abondance
« qui ne laisse rien à désirer, et les hautbois et
« les violons, qu'on avait entendus séparément,
« jouèrent alors ensemble, puis se répondirent
« par écho, auquel celui des lieux circonvoisins
« se mêla si agréablement, que jamais elle ne fit
« tant de plaisir à l'entendre.

« Pendant le banquet royal, les seigneurs de
« la cour et les officiers de la suite furent ser-
« vis aussi à trois tables, en autant de différens
« appartemens, avec tout l'ordre et la propreté
« imaginables.

« Comme les agréables surprises se succédaient

« en ce lieu les unes aux autres, on en eut une
« merveilleuse à l'issue de ce superbe festin et à
« la sortie du pavillon, par une illumination qui fit
« croire que l'astre du jour, envieux de revoir une
« si illustre assemblée, avait précipité son re-
« tour pour revenir plutôt qu'à l'ordinaire. En
« effet, on eut peine à discerner s'il était moins
« la source de la clarté qui parut dans le sein
« de la nuit, qu'une infinité de lumières dont
« étaient remplies des deux côtés, et à perte
« de vue, huit allées qui aboutissaient en étoile
« aux treize fontaines qui l'environnent, et les
« allées dérobées qui conduisaient à des cabi-
« nets fermés, par ces palissades qu'elles traver-
« sent, sans qu'une heure auparavant on y eût
« remarqué aucune disposition à tant de brillans
« effets.

« Une demi-lune qui répond à cette fontaine
« en face de la rivière, et où se terminent plusieurs
« allées qui descendent en pente du pied des deux
« terrasses, le long de la côte, parut aussi tout à
« coup en feu avec ces mêmes terrasses par degré,
« qui, de l'allée du milieu qui y conduit, semblaient
« n'en faire qu'une avec toutes ses lumières, les-

« quelles se réunissant le long de la hauteur,
« semblaient aussi aller emprunter encore celle
« des étoiles.

« On vit ensuite le grand jet éclairé à sept éta-
« ges, en face, des deux côtés et en retour : toutes
« ces lumières, réfléchissant dans le cerceau d'eau,
« le faisaient paraître comme du feu liquide, sans
« néanmoins que les cygnes qui étaient dessus,
« en parussent plus étonnés, la surprise de se voir
« en sûreté, parmi tant de flammes, les rendant
« comme immobiles.

« Au travers de la gerbe qui s'élève au delà de
« ce quarré, et se répand en trois nappes, accom-
« pagnées de l'une à l'autre, de quatre jets d'eau
« qui y retombent en arcade, on découvrait pa-
« reillement une perspective de lumières qui
« s'étendait bien loin dans le bois qui environne
« le quarré, et surpasse encore de beaucoup la
« gerbe par sa hauteur. Mais de tant d'illumina-
« tions, celle de la cascade parut la plus surpre-
« nante ; on y voyait briller un nombre prodigieux
« de lumières qui redoublaient par la réflexion
« des miroirs opposés, aussi les torrens d'eau sem-
« blaient couler pêle-mêle avec ceux du feu, et

« ces éléments si contraires s'accorder pour les
« plaisirs du Monarque.

« D'ailleurs, on eût dit que toutes les statues
« qui servent d'ornement à la cascade, éclairaient
« à l'envi ce spectacle ; les fontaines se renvoyaient
« le feu qu'elles recevaient, et l'impression qu'il
« y faisait le rendait encore plus éclatant.

« Enfin, cette masse de lumières qui, dans un
« mélange si vaste et une distribution si étendue,
« ne laissait pas de conserver de la régularité, sur-
« prenait la vue autant qu'il la divertissait et pro-
« duisait tant d'effets si différens et si extraordi-
« naires, qu'il serait impossible de les décrire.

« Après ce divertissement accompagné de fan-
« fares et de trompettes, avec le bruit des tim-
« balles, auquel se mêlait celui des eaux, on alla
« voir les appartemens du château, superbement
« meublés, éclairés de quantité de lustres, et em-
« bellis d'une étonnante diversité de fleurs, qui
« confondant leurs odeurs, en composaient une
« mélangée qui flattaient infiniment le goût et
« l'odorat.

« Le grand salon se trouva plus éclairé et plus
« brillant que tout le reste par l'or et les peintures

« dont il est enrichi; et des crystaux, des porce-
« laines, des girandoles et des vases de fleurs,
« entre-mêlés symétriquement avec des guéridons
« d'or et de lapis, au-devant de quelques para-
« vents de la Chine rehaussés d'or, formaient une
« espèce de théâtre dont la beauté ajoutait de nou-
« veaux agrémens à ceux du salon.

« Il y eut ensuite comédie représentée par la
« troupe royale, qui fut parfaitement exécutée.

« Elle fut suivie d'un splendide souper à plu-
« sieurs tables, ensuite d'un bal paré, après lequel
« cette illustre compagnie partit pour retourner
« à Saint-Germain. » (*Gazette de France*, 1672.)

Lors de l'assassinat de Henri III par Jacques Clément, le Roi habitait Saint-Cloud. On crut d'abord que la blessure était légère et Henri III lui-même en fit part à la Reine dans une lettre écrite de sa main. Mais des complications se produisirent et presque subitement le Roi mourait. Sully, prévenu confidentiellement par un gentilhomme de la cour, se hâta de prévenir le Roi de Navarre, qui ne se croyait pas si près du trône. C'est donc à Saint-Cloud que Henri IV fut reconnu Roi de France. Comme la plupart de nos grandes résidences, l'origine de Saint-Cloud fut un couvent fondé par Clodoald, un des fils de Clodomir, qui se fit moine et vécut saintement. Il légua son domaine aux évêques de Paris, qui agrandirent le village et lui donnèrent le nom de son fondateur, canonisé sous le nom de saint Cloud.

La dernière fête donnée dans la galerie d'Apollon fut, au lendemain de la déclaration de guerre le 18 juillet 1870, le dîner offert par l'Empereur au régiment des voltigeurs de la Garde en garnison à Saint-Cloud, qui partait pour l'armée. Ainsi que je le raconte dans un précédent volume, au moment des toasts, sur l'ordre de l'Empereur, on joua la *Marseillaise* ; ce chant fut le dernier écho des fêtes dont retentit le palais de nos Rois.

Les salons de Vénus, de Mars, de Diane, celui de Mercure, celui de la Vérité, étaient tous dans de vastes proportions et décorés avec la même magnificence. L'ameublement somptueux répondait au style de l'époque.

C'était pour moi un plaisir très vif, pendant les chaudes après-midi de l'été, lorsque je me trouvais libre, de parcourir ces grandes salles

5.

fraîches et solitaires, remplies de chefs-d'œuvre et si vivantes par le souvenir.

La chapelle était assez exiguë. On y voyait peu de peintures, mais une fort belle tapisserie des Gobelins représentant la Descente de croix de Rubens.

Tout est détruit. Des ruines lamentables permettent à peine à ceux qui vécurent là de retrouver le plan général et de reconstituer par le souvenir toutes ces splendeurs écroulées.

Le 13 septembre 1870, le feu était mis au palais. De part et d'autre, on a repoussé la responsabilité de cet acte de vandalisme. Dans le rapport du grand état-major prussien, il est dit que les obus du Mont-Valérien incendièrent Saint-Cloud. Ce fait est démenti par des témoins dignes de foi. Il est permis, au contraire, de croire à la préméditation de l'ennemi. Quelques obus dont le nombre fut remarqué tombèrent, en effet, dans le palais et dans la cour d'honneur. Mais ils ne causèrent que des dégâts insignifiants et ne pouvaient amener un désastre complet. Pour anéantir la masse d'un tel édifice, il fallait employer des moyens sûrs et préparés. Du reste, on n'essaya pas de lutter contre l'incendie, bien qu'il y eût à portée des secours très bien organisés. Les troupes prussiennes en grand nombre restèrent spectatrices de ce désastre. L'art cependant est un patrimoine commun à tous les hommes : il n'a pas de patrie.

Avant l'incendie de Saint-Cloud, on avait pu voir circuler sur la route de Versailles de longs convois chargés de tous les meubles, de tous les objets susceptibles d'être enlevés. Le Roi de Prusse, dans un ordre du jour à son armée, autorisait chacun de ses soldats à choisir à son gré un objet quelconque en souvenir de Saint-Cloud. A Versailles, les soldats, les officiers prussiens avaient entre les mains des vêtements, des châles de l'Inde, des fourrures, dont ils ne connaissaient pas la valeur, épaves de la garde-robe de l'Impératrice, abandonnée dans la précipitation du départ, ainsi qu'une infinité d'autres objets qu'ils offraient de céder aux personnes chez lesquelles ils logeaient.

Une rare collection de pendules disséminées par centaines dans les appartements furent enlevées par les soldats du Roi Guillaume.

Avant son départ pour Schwalbach, l'Impératrice avait passé six semaines à Saint-Cloud, dont une partie assez solitairement, l'Empereur étant allé faire une saison d'eaux à Plombières. Avec le service restreint qui entourait l'Impératrice en l'absence de l'Empereur, on était huit ou dix personnes à table, ce qui est la solitude dans les vastes appartements d'un palais. Presque chaque matin l'Impératrice sortait seule avec moi dans une légère voiture attelée de deux poneys noirs fringants qu'elle se plaisait à conduire. Un groom sur le siège de derrière était la seule escorte. Les environs de Saint-Cloud sont admirables; des bois, de belles avenues, des ombrages, des eaux, des sites ravissants au bord de la Seine, des horizons mouvementés, tout y est réuni pour l'agrément et la variété de ces promenades, qui avaient un attrait si vif pour une jeune fille telle que je l'étais alors. J'étais depuis peu de mois seulement auprès de l'Impératrice, qui me montrait une bienveillance extrême. J'avais quitté pour la cour des parents très tendres, la vie paisible et uniforme de la province où s'était écoulée la plus grande partie de mon enfance. J'étais entourée d'inconnus, transportée dans un milieu tout nouveau. J'ai toujours pensé que j'y aurais rencontré bien des difficultés, si je n'avais pu compter sur l'appui que l'Impératrice daigna m'accorder, prenant elle-même la peine de me diriger, de m'instruire avec une extrême bonté de la ligne de conduite qu'il convenait de suivre dans la situation où je me trouvais. J'étais, en effet, la seule jeune fille attachée à la cour où, depuis Louis XIV, le service d'honneur des souveraines en France était composé de dames du palais et de dames d'honneur. Grâce aux avis qui m'étaient donnés avec une indulgente bonté, grâce à la protection que Sa Majesté voulut bien étendre sur moi, au lieu des difficultés, des écueils que je pouvais craindre, tout s'aplanit, et le temps que j'eus l'honneur de passer ainsi auprès de l'Impératrice fut de beaucoup le temps le plus heureux, le plus agréable de toute ma vie.

Pendant les heures brûlantes du jour, l'Impératrice s'occupait à lire, à écrire dans ses appartements. Vers cinq heures, on sortait en Daumont pour aller faire un tour dans le bois de Boulogne ; ou bien, si la chaleur était tempérée, on faisait une promenade à pied dans le parc. Souvent, le soir, après le dîner, on sortait dans les Würst, sorte de vis-à-vis découverts, pour aller tantôt sur les bords de la Seine, tantôt dans les bois de Meudon, parfois même jusqu'à Versailles. Un soir, entre autres, nous étions entrés par le Grand-Trianon dans le parc, qui après une certaine heure est fermé à tous les promeneurs. Le gouverneur du palais, prévenu de la visite impériale, nous avait ménagé un merveilleux spectacle. A mesure que nous avancions autour des parterres et des différents bassins, des gerbes d'eau s'élançaient, prenant sous les rayons de la lune toutes les nuances du prisme. Dans cette vaste solitude, sous ces belles charmilles, au milieu d'un silence profond, le mouvement des eaux dans la pénombre du soir semblait animer ce peuple de statues. Je ne crois pas qu'en aucun lieu du monde il puisse être donné de contempler un spectacle plus grandiose, plus saisissant. On sait que chaque fois que les grandes eaux de Versailles sont mises en mouvement, il en coûte une vingtaine de mille francs pour les amener aux bassins; il en reste toujours dans les conduites une certaine quantité qui n'a pas été épuisée. Les eaux ayant joué la veille, nous jouissions ainsi, à notre tour, de la suite des plaisirs populaires.

Au retour de l'Empereur, vers le 12 août, Saint-Cloud reprit le mouvement qu'entraînait toujours la présence du souverain. Les conseils de ministres avaient lieu, comme à Paris, une fois ou deux par semaine. Les ministres, les membres du Conseil privé étaient retenus à déjeuner. La plupart, fort aimables, se dépouillaient chez l'Empereur de la morgue officielle. Le Maréchal Vaillant, le Duc de Morny, le Duc de Persigny, M. Duruy, M. Drouyn de Lhuys, M. Fould, M. Forcade de la Roquette, le Marquis de Chasseloup-Laubat étaient des causeurs charmants. Ils se délassaient volontiers de la contrainte des affaires dans des entretiens pleins de verve et d'esprit. Il était rare qu'on n'eût pas quelque recommandation à leur faire : leur complaisance était inépuisable. Les veuves, les orphelins, les vieux militaires en retraite, les églises de village, tous les sinistrés avaient parmi les dames de l'Impératrice des avocats ardents et intrépides. Les ministres devenaient leur proie. A la suite de ces déjeuners, chacune avait obtenu quelque faveur pour ses protégés.

La plupart des personnes attachées à la cour avaient des terres, des domaines patrimoniaux. Sans cesse sollicitées, s'intéressant personnellement à ceux qu'elles connaissaient et dont elles voyaient de près les souffrances et les besoins, elles devenaient des intermédiaires précieux. Les infortunes qui se recommandaient à elles se trouvaient ainsi plus promptement soulagées qu'on ne peut l'attendre des lenteurs de la confusion administrative. Les dons et secours dont disposent tous les ministres recevaient donc, dans ce qui passait par leurs mains, une application utile et justifiée.

On restait généralement à Saint-Cloud jusqu'après le 15 août, l'Empereur tenant à être à Paris ce jour-là! Les membres de la famille impériale et leurs maisons, toutes les personnes attachées à la cour, les ministres, les grands dignitaires, recevant une convocation du Duc de Cambacérès, grand maître des cérémonies, venaient saluer l'Empereur aux Tuileries. Voici celle que j'ai conservée de cette année-là :

MAISON
de
L'EMPEREUR

Paris, le 10 août 1864.

———

CABINET
du
GRAND MAITRE
des
CÉRÉMONIES

Le Grand Maître des cérémonies a l'honneur de faire savoir à Mademoiselle Bouvet, par ordre de l'Empereur, qu'à l'occasion de sa fête Sa Majesté recevra le 15 août, à onze heures et demie du matin, au palais des Tuileries ; et qu'elle est invitée à assister ensuite à la messe qui sera célébrée, à midi, dans la chapelle du palais.
Les dames seront en toilette de ville.
Le Grand Maître des cérémonies prie Mademoiselle Bouvet d'agréer l'hommage de son respect.

A dix heures du matin, nous quittions Saint-Cloud dans de grandes calèches attelées en poste. La poste de l'Empereur était une des merveilles des écuries impériales, admirablement organisées par le Grand Écuyer, le général Fleury. Rien n'était plus agréable que ce moyen de locomotion si rapide. La course de Saint-Cloud aux Tuileries se faisait en quarante minutes. Deux cents bêtes percheronnes bien doublées, bai brun, étaient affectées à ce service. Les postillons portaient la veste verte galonnée d'or à passements rouges ; les culottes de peau de chamois, les bottes fortes, la perruque poudrée à cadenettes avec le chapeau traditionnel. Ils conduisaient à fond de train avec une adresse merveilleuse.

En arrivant aux Tuileries, on trouva un déjeuner préparé dans une salle du rez-de-chaussée, où dînaient d'ordinaire les officiers qui commandaient le poste de garde aux Tuileries, lorsque l'Empereur était à Paris. Après le déjeuner, l'Empereur et l'Impératrice montèrent au salon d'Apollon, où étaient réunies toutes les personnes convoquées. Leurs Majestés saluèrent chacun en passant et l'on se dirigea vers la chapelle, où l'on célébrait une messe solennelle chantée par les meilleurs artistes de nos grands théâtres avec accompagnement des chœurs du Conservatoire. Après la messe, on se réunissait dans la galerie de la Paix et chacun alors s'approchait de l'Empereur et lui parlait librement. Rien n'était plus affable que la façon souriante dont l'Empereur acceptait ces hommages.

Après un moment de repos, les Daumont étaient avancées et Leurs Majestés parcoururent Paris en passant par la place de la Bastille, les nouveaux boulevards encore inachevés, pour revenir par l'esplanade des Invalides et les Champs-Élysées. Là, la foule était si compacte, que l'on dut aller au pas. Les grandes roues des voitures effleuraient la tête des passants, et la foule, pressée, s'ouvrait devant nous avec tous les témoignages du respect et de l'enthousiasme pour se refermer aussitôt.

L'Empereur avait inauguré pour sa fête des réjouissances brillantes. Elles n'avaient pas le caractère qui se mêlait autrefois aux fêtes populaires. J'entendais comparer cette décoration splendide d'une ville comme Paris, tout étincelante de lumières, toute parée de fleurs, au milieu de laquelle une foule décente et bien vêtue circulait gaîment, aux fêtes des règnes précédents. Sous l'ancien régime, le 25 août, jour de la fête du Roi, des baraques placées dans les Champs-Élysées étaient occupées par les employés des mairies, qui jetaient au peuple des jambons, des saucissons, des victuailles sur lesquelles de malheureux déguenillés se ruaient en s'assommant. Les fontaines versaient un vin où l'on puisait jusqu'à l'ivresse; et la fête dégénérait en orgie populaire. L'Empereur, en mettant à la portée de tous ces squares, ces beaux jardins, dont chacun a la jouissance, ces rues larges et bien aérées, a certainement modifié les goûts, les habitudes de la population parisienne, où l'on aurait peine aujourd'hui à reconnaitre la trace des mœurs auxquelles ont succédé l'ordre, la splendeur et le bon goût.

On dina aux Tuileries; puis, la foule s'étant amassée autour du palais, où l'on avait arboré le drapeau qui annonçait la présence de l'Empereur, des acclamations et des vivats retentirent. Leurs Majestés parurent au balcon de la salle des Maréchaux; les acclamations redoublèrent.

Alors l'Empereur, prenant le Prince Impérial entre ses bras, l'éleva au-dessus du balcon et le présenta à la foule; les acclamations devinrent de la frénésie: « Vive l'Empereur! Vive Napoléon I*er*! Vive Napoléon IV! » criait-on. Leurs Majestés saluaient et souriaient avec émotion.

Le Prince Impérial avait alors huit ans ! C'était un bel enfant à la figure ouverte et riante, avec de grands yeux bleus et des cheveux noirs bouclés. Il portait son costume des jours de cérémonie. Des culottes retenues au genou, une jaquette en velours noir, des bas rouges avec des souliers à boucle et le grand cordon de la Légion d'honneur passé en sautoir. Après cette ovation, on reprit les voitures et on se rendit à l'Élysée, dont les portes se refermèrent derrière nous. Leurs Majestés avaient décidé de se mêler incognito à la foule pour jouir du spectacle des illuminations. Ayant mis pied à terre pour traverser les jardins, on ouvrit une petite porte donnant sur les Champs-Élysées.

La Princesse d'Essling au bras du Général Rolin passa d'abord, puis l'Empereur et l'Impératrice venaient mêlés au groupe des autres personnes de service. Il était convenu que nous ouvririons le chemin sans avoir l'air de nous connaître les uns les autres.

Monsieur Hyrvoix, le chef de la police de

l'Empereur, dont on voyait toujours le coupé filer rapidement derrière les voitures impériales, n'avait pas été prévenu de ce projet, qu'il aurait certainement cherché à combattre, et l'Empereur se réjouissait à l'idée de le mettre en défaut.

On inaugurait cette année-là les girandoles de globes blancs qui depuis lors ont toujours été employés pour les fêtes nationales dans les illuminations des Champs-Élysées et de la place de la Concorde.

Au centre de la place, dans une construction de feu, l'obélisque était devenu la flèche d'un temple du Soleil, et, devançant les fontaines lumineuses, les naïades et les dieux marins des fontaines transformées en corbeilles de fleurs, jetaient des gerbes d'eau colorée de vert et de rouge. Tout alla bien pendant quelques moments. Heurtées, poussées, entraînées par la foule, Leurs Majestés se dirigeaient vers la place de la Concorde, lorsque l'Empereur, s'étant retourné un moment pour regarder la décoration de l'Arc de l'Étoile, quelqu'un dans la foule le reconnut et cria: « Vive l'Empereur! » Ce fut comme une traînée de poudre! En un instant la foule, changeant d'objectif, se précipita de notre côté. Il fallut rétrograder à la hâte. Fort heureusement un gardien se tenait à une des portes, qu'il ouvrit, et nous pûmes nous réfugier dans les jardins de l'Élysée. Il n'était que temps, car la presse était si grande, que l'on pouvait craindre des accidents. Il fallut renoncer à la promenade, et l'Empereur accusa Monsieur Hyrvoix de lui avoir ménagé cette petite perfidie pour montrer qu'il n'était point aisé de tromper sa vigilance. On reprit les voitures pour rentrer à Saint-Cloud et on remonta lentement les Champs-Élysées au milieu d'une ovation triomphale bien faite pour effacer le regret de cette petite expédition manquée.

Il faut avoir assisté auprès des souverains à ces manifestations de la foule, auxquelles se mêlaient, avec des expressions spontanées et familières, les témoignages les plus touchants de l'attachement que l'on portait à l'Empereur, pour savoir quelle fut sa popularité.

CHAPITRE III

Voyage du Roi d'Espagne. — M. Isturitz, ambassadeur d'Espagne. — Toilettes de cour. — Le Duc Tascher de la Pagerie. — Le Prince Impérial et la Toison d'Or. — Le Roi Don François d'Assise — Représentation de gala à l'Opéra. — Mort de la Princesse Czartoriska. — Visite de l'Impératrice à l'hôtel Lambert. — Fête à Versailles. — Mlle Fiocre. — Revue du Champ-de-Mars. — Remise des aigles à la Garde. — Départ du Roi. — La Reine Christine et le Duc de Riançarès. — Le Prince Humbert. — La France et l'Italie. — Le Chevalier Nigra à la cour. — Florence capitale. — La Marquise de Castiglione. — Départ pour le camp de Châlons. — Incident des adieux. — L'Empereur et le carbonarisme. — Une conversation de l'Empereur à Cambden.

Le lendemain 16 août, le Roi d'Espagne Dom François d'Assise, l'époux de la Reine Ysabel, arrivait à Saint-Cloud. Depuis longtemps ce voyage était projeté. Afin de le recevoir dignement, l'Empereur voulut faire revivre pour un jour aux yeux d'un descendant de Louis XIV les splendeurs de Versailles. On convint donc d'y donner une fête. Déjà, lors de la visite de la Reine d'Angleterre en France après la guerre de Crimée, le palais de Versailles s'était animé pour fêter la Reine Victoria et le prince Albert.

Conformément à l'usage, M. Isturitz, le vieil ambassadeur d'Espagne, qui portait fort allégrement ses quatre-vingts ans sonnés, avait dû conférer avec M. Drouyn de Lhuys, notre ministre des Affaires étrangères, afin de régler à peu près heure par heure l'emploi du temps de son souverain pendant les quelques jours que devait durer sa visite. Ce n'était pas chose facile, car Dom François d'Assise, devenu maintenant tout à fait Parisien, n'avait pas revu la France depuis son enfance et il s'agissait de lui faire connaître le Paris moderne au point de vue archéologique, militaire, artistique, industriel et mondain.

Le jour de l'arrivée du Roi, un dîner d'apparat réunit à Saint-Cloud les principaux personnages qui devaient être présentés. Le second jour, visite de la capitale, grand dîner aux Tuileries, représentation de gala à l'Opéra. Le troisième jour, revue des troupes au Champ-de-Mars; fête à Versailles. Le quatrième jour !

— Ici je vous arrête, mon cher Ministre, s'écria l'ambassadeur, épouvanté de tant de plaisirs. Puis il ajouta avec un accent castillan, intraduisible et vibrant :

— Le quatrième jour, on enterre l'ambassadeur !

Quoi qu'il en soit, le 16 août, l'Empereur se rendait à la halte du parc de Saint-Cloud pour recevoir le Roi à son arrivée.

L'Impératrice, environnée de toutes les personnes du service d'honneur, attendait au bas de ce monumental escalier qui frappait d'admiration tous ceux qui arrivaient à Saint-Cloud ; les cent-gardes, rangés de marche en marche, produisaient un effet décoratif imposant. L'Impératrice n'avait pas revu le Roi d'Espagne depuis l'époque de son mariage. Noble et gracieuse, Sa Majesté portait sur une toilette de bal le manteau de cour en dentelle d'Alençon attaché aux épaules, suivant l'usage impérial, tandis que les autres dames le portaient attaché à la taille. Le Duc Tascher de la Pagerie, son premier chambellan, soutenait légèrement une des extrémités de la longue traîne. Fils d'une princesse de Lieven, élevé à la cour de Bavière qui était réputée pour le respect des traditions de l'étiquette, le Duc Tascher, assez laid de visage et dont la démarche branlante dénonçait de fréquents accès de goutte, avait dans les cérémonies une façon particulièrement noble et élégante de s'acquitter de ses fonctions d'honneur auprès de la Souveraine. L'Impératrice était coiffée d'un diadème formé de neuf gros fleurons d'émeraude enchâssés de diamants. A ses côtés, le Prince Impérial, avec son costume de velours noir et ses bas rouges, avait en sautoir le grand cordon de la Légion d'honneur, et au cou le collier de l'ordre de la Toison d'Or, enrichi de brillants et retenu par une magnifique opale, présent que lui fit à sa naissance la Reine Ysabel. On prétend que l'opale, cette pierre aux clartés douces et changeantes, apporte la fatalité à ceux qui la possèdent. Les présentations eurent lieu dans la galerie d'Apollon. Tous les services d'honneur étaient en grand uniforme. C'était la première fois que j'assistais à une réception de gala. La variété des riches habits chamarrés d'or, l'attitude grave que le cérémonial imposait à chacun, pouvaient prêter à cette illusion que les personnages des peintures étaient descendus de leurs cadres pour se mêler parmi nous; et je songeais que l'étiquette de nos anciens rois, bannie des mœurs modernes, était bien calculée pour établir la barrière infranchissable qui devait exister entre eux et leurs sujets. Dom François d'Assise, assez fatigué du voyage, se retira de bonne heure, et à onze heures tout était fini.

Le lendemain au déjeuner l'Impératrice portait une toilette de gaze de Chambéry blanche, rehaussée de biais de taffetas blanc, et au cou sept rangs de perles splendides.

Le Roi Dom François d'Assise, cousin germain de la Reine Ysabel qu'il avait épousée le 10 octobre 1846, avait alors quarante-deux ans. Comme la plupart des grands d'Espagne, il était de petite taille, sa physionomie avait le caractère particulier des Princes de la maison de Bourbon. Fort avenant, ayant dans la conversation des réflexions vives et justes, le Roi, qui avait fait à Paris, au collège Henri IV, une partie de ses études, parlait familièrement notre langue, aimait les arts et était au fait de tout.

Les aides de camp et chambellans qui l'accompagnaient portaient les plus grands noms de la péninsule. Parmi eux se trouvait un Duc de Montezuma, descendant du grand Montezuma de la conquête du Mexique.

Les soirs de représentation de gala à l'ancien Opéra de la rue Le Peletier, détruit par l'incendie en 1873, Leurs Majestés n'occupaient pas la grande avant-scène des premières à gauche comme pour les représentations ordinaires. On enlevait les séparations des loges du milieu entre les colonnes et on les remplaçait par une sorte d'estrade richement décorée et drapée qui avançait jusqu'au-dessus des places de balcons. C'est là que se plaçaient les souverains et les principaux personnages de la cour. De chaque côté de la loge se tenait un cent-gardes au port d'armes. Deux autres cent-gardes étaient de planton de chaque côté de la scène entre le rideau et la rampe. La chaleur était si forte pour ces hommes revêtus de leur cuirasse, le casque en tête, immobiles au port d'armes, qu'il fallait les relever de quart d'heure en quart d'heure; il arrivait même, lorsque le rideau était baissé, que certains d'entre eux ne pouvaient supporter cette courte station. Au bout de quelques minutes on voyait le cent-gardes osciller comme un grand cierge et il fallait se hâter de le faire relever sous peine de le voir s'évanouir. Tous de haute taille et de stature superbe, ils étaient pendant toute la représentation en butte aux agaceries des danseuses, qui s'amusaient à venir tourbillonner si près d'eux que par moments on ne voyait plus que la tête grave et impassible du cent-gardes émergeant de l'envolement des jupes de gaze.

Les soirs de gala, la salle entière était réservée aux personnes officiellement invitées par ordre de l'Empereur. Tous les hommes étaient en uniforme ou en costume de cour. Le parterre était rempli de généraux, d'amiraux, de préfets. Les femmes du corps diplomatique, du monde officiel, étaient en grande parure.

Ce jour-là, la Princesse de Metternich occupait la grande avant-scène impériale de gauche, dont elle faisait les honneurs au Baron de Budberg, ambassadeur de Russie, au Comte de Goltz, ambassadeur de Prusse, à Lord Cowley. On remarquait l'absence du Chevalier Nigra, ministre d'Italie, qui avait profité de toutes ces fêtes pour aller aux eaux. Leurs Majestés Très Catholiques le Roi et la Reine d'Espagne considérant toujours le Roi de Naples comme Roi régnant et n'ayant point encore reconnu le Royaume d'Italie. En prenant l'Almanach de Gotha et l'Annuaire de la Cour, on verrait la composition de cette salle.

L'étiquette voulait que le Directeur de l'Opéra, qui était alors M. Perrin, vînt au péristyle recevoir Leurs Majestés. Accompagné des huissiers du théâtre et portant un candélabre chargé de bougies allumées, il précédait les souverains et les conduisait jusqu'à leur loge. Il en était ainsi dans tous les théâtres où se rendait l'Empereur. Ce cérémonial datait sans doute du temps où, le gaz et l'électricité n'existant pas, quelques bougies de supplément pouvaient être utiles pour se diriger à travers la demi-obscurité des passages intérieurs. On donna le ballet de *Néméah*, œuvre nouvelle de Delibes, dans lequel Mᵐᵉ Mouraview, une danseuse russe, fit merveille. Pendant les entr'actes, des valets de pied à la livrée impériale faisaient passer dans les loges, dans les stalles, des plateaux chargés de rafraîchissements. Les proportions de la salle de la rue Le Peletier étaient excellentes, autant pour l'acoustique que pour le coup d'œil. Dans les loges, dont la balustrade était très dégagée en avant, les femmes en toilette ressortaient comme d'un cadre ; la lumière également répartie et l'ensemble plus restreint de la salle permettaient de distinguer les traits et la parure. L'élégance, le luxe de ces représentations est indescriptible.

Cependant, durant toute cette soirée, l'Impératrice était sous une douloureuse impression. La Princesse Czartoriska, fille de la Reine Christine et du Duc de Riançarès, était mourante. L'Impératrice avait une réelle amitié pour cette jeune femme, belle et séduisante, qu'une maladie de langueur minait depuis plusieurs années. Pendant la journée, Sa Majesté, mettant à profit les instants que le Roi passait à l'ambassade pour y recevoir les hommages des Espagnols présents à Paris, était allée la voir. La Princesse, dont la voix était faible comme un souffle, conservait les illusions déchirantes de ces jeunes mourantes auxquelles la vie semble promettre encore un long et souriant avenir. Elle insista auprès de l'Impératrice, lui demandant de revenir la voir.

— La visite de Votre Majesté m'a fait tant de

bien, disait-elle, que je me sens plus forte : si l'Impératrice veut bien me promettre de revenir dans trois ou quatre jours, elle me trouvera délivrée de tous mes maux.

Triste prévision ! Le troisième jour, la Princesse s'éteignait.

La nouvelle de sa mort arriva à l'Impératrice le matin même du jour où devait avoir lieu la fête à Versailles. Dès huit heures, on était venu me prévenir que l'Impératrice, se disposant à aller à Paris, me demandait pour l'accompagner, comme cela avait lieu lorsque Sa Majesté sortait dans la matinée. Je me hâtai de me préparer et me rendis dans les appartements de Sa Majesté que je trouvai fort émue.

— La pauvre petite Princesse Amparo est morte ce matin, me dit l'Impératrice. Je lui avais promis de venir la voir aujourd'hui. Je ne manquerai pas à ma promesse.

Un landau attelé en poste attendait Sa Majesté au pied du grand perron. Traversant rapidement le bois de Boulogne, longeant les quais, nous arrivâmes à l'hôtel Lambert, situé dans l'Ile Saint-Louis, résidence à Paris des Princes Czartoriski.

Malgré la chaleur d'une matinée d'août, on était saisi par une impression glacée en franchissant la porte monumentale de l'ancien hôtel construit par Nicolas Lambert de Thorigny, qui est aujourd'hui, dans sa magnificence froide et austère, le plus somptueux spécimen de l'art architectural du xviie siècle pour les habitations des particuliers. Au fond d'une cour ovale s'élève un vaste degré à deux rampes. Les différents corps de logis sont ornés de reliefs d'un effet très élégant. M. Lambert de Thorigny n'épargna rien pour embellir cette demeure, où l'on voit une terrasse haute de quatre mètres couronnée d'arbres bicentenaires. Lepautre en fut l'architecte; Lesueur, Lebrun avaient été chargés de la décoration intérieure. Lebrun y travailla neuf années, dit-on. L'hôtel Lambert a connu plusieurs sortes d'illustrations. C'est là que Voltaire habitait lorsqu'il conçut le plan de la *Henriade*. Devenu, à la suite de la Révolution, la propriété de M. de Montalivet, Napoléon Ier y eut, après Waterloo, une entrevue célèbre avec le Ministre de la Restauration. Plus tard cette splendide demeure fut délaissée. Enfin le Prince Adam Czartoriski s'en rendit acquéreur pour une somme presque dérisoire ; l'hôtel Lambert devint alors le rendez-vous de tous les Polonais exilés. Le Prince Czartoriski s'appliqua à lui restituer son ancienne splendeur et d'importants travaux de restauration furent entrepris. La Princesse Adam Czartoriska, mère du Prince Ladislas, époux de la Princesse Amparo, était une femme éminente, d'une piété exemplaire, dont la vie était consacrée à des œuvres de haute vertu. En 1853, lors de son mariage, la fille de la Reine Christine, très jeune, gracieuse, séduisante, ne fut peut-être pas appréciée autant qu'elle le méritait par une personne qui, comme la Princesse Adam Czartoriska, vivait dans des pratiques d'austérité peu en usage à notre époque.

La jeune femme en souffrit. Tendre et sensible, dans un milieu tout nouveau, elle se sentait incomprise. La vie lui devint amère ; elle la quitta en souriant.

Lorsque nous arrivâmes, tout l'hôtel était fermé. Mais dès que le valet de pied eut prononcé le nom de l'Impératrice, que l'on n'attendait pas, les portes s'ouvrirent et Sa Majesté pénétra jusqu'à l'appartement de la Princesse.

Dans une grande chambre solennelle, étendue sur un lit enveloppé de lourdes tentures, la tête noyée dans une admirable chevelure brune qu'on n'avait pas encore pris le temps de rassembler, la Princesse reposait comme une enfant endormie. Toute trace de souffrance s'était effacée, et pendant quelques heures la beauté, la jeunesse reparurent sur ce visage, comme transfiguré par une expression de sérénité sublime. Vue ainsi, la mort semblait douce.

Une vieille femme de chambre veillait en pleurant. Les fenêtres étaient closes et deux bougies posées sur une petite table se consumaient lentement, éclairant seules cette scène funèbre. On ne voyait pas encore autour de la jeune morte cette religieuse parure dont on entoure d'ordinaire un être bien-aimé dès qu'il a cessé d'exister. L'Impératrice plaça sur la couche mortuaire les fleurs qu'elle avait apportées, les premières qu'on y déposait; puis, ayant prié, Sa Majesté se retira sous le coup d'une émotion profonde. La Princesse Amparo avait une certaine ressemblance avec la Duchesse d'Albe; l'Impératrice auprès d'elle songeait à cette sœur bien-aimée qu'elle avait perdue, et dont elle n'avait pas pu consoler les derniers moments.

Le retour à Saint-Cloud fut profondément triste. Cependant il fallut en arrivant se disposer à partir pour Versailles, où la fête se préparait avec une magnificence en rapport avec la splendeur du palais, et la qualité des hôtes qui allaient y passer quelques heures. Les invitations avaient été recherchées par tout ce que la société de Paris comptait de personnalités élégantes; la foule admise dans le parc le remplissait dès la matinée. Les voitures commandées pour trois heures franchissant d'un trot rapide la route de Versailles; la visite commença par Trianon où l'Impératrice s'était plu à rassembler tous les objets ayant appartenu à la Reine Marie-Antoinette pour en former le musée que l'on y voit encore. Vers six heures, on se rendait dans le parc où le Roi fut conduit successivement au bosquet de l'Étoile, au bassin d'Apollon, à la colonnade, au bassin de Latone, de Neptune et à ce gracieux bassin de Flore creusé au milieu d'un carrefour où fut représentée pour la première fois la *Princesse d'Élide*; puis au bosquet de la Reine, où la femme Lamothe joua cette audacieuse comédie à laquelle se laissa prendre le cardinal Duc de Rohan, et qui devint l'origine de la fameuse affaire du collier. Après la visite du parc, les voitures, rentrant par la cour de marbre, s'arrêtèrent au pied du grand escalier où les cent-gardes échelonnés, semblaient, dans leurs armures brillantes, des chevaliers d'un autre âge. Une profusion de fleurs disposées le long des rampes, dans les salons, dans les galeries, ranimaient cette ancienne splendeur effaçant le caractère d'abandon que prend toute demeure inhabitée. Comme il était impossible de retourner à Saint-Cloud avant le dîner, il avait fallu nous créer un abri où il fût possible d'échanger nos vêtements de la journée pour des toilettes du soir. Le palais de Versailles n'offrait aucune ressource de ce genre. A l'aide de tentures, de glaces, de hauts paravents, on avait improvisé, dans une galerie remplie de tableaux de bataille, des cabinets de toilette confortables où nous trouvâmes nos femmes de chambre et nos robes préparées. Avec la promptitude que nous avions l'habitude d'apporter à l'arrangement de notre parure et sans pouvoir songer à prendre un moment de repos, nous étions bientôt en mesure de rejoindre l'Impératrice pour le dîner qui avait lieu dans les anciens appartements de la Reine. Immédiatement après, on passait à la salle de théâtre, la merveille du palais, où on donna le ballet de *Psyché* avec chœurs, cette comédie-ballet de Corneille et de Molière qui fut jadis représentée dans le même lieu devant le grand Roi.

Mlle Fiocre, une des plus jolies danseuses du corps de ballet, fort à la mode et qui méritait bien sa réputation de beauté, jouait avec une grâce sans rivale le rôle de l'Amour, ce qui donna lieu à un de ces mots de plus ou moins bon goût qui instantanément sont répétés dans tout Paris :

— Avez-vous vu Mlle Fiocre faire l'Amour dans Psyché?

Après la représentation, on quitta la salle de théâtre pour jouir du spectacle des illuminations. Un cordon de feu dessinait les contours des bassins, des gazons, des quinconces, des parterres. Des feux de Bengale teignaient de pourpre les statues qui composent cet Olympe de marbre et de bronze dont le parc de Versailles est décoré.

Lorsque les eaux des bassins jaillirent à toute hauteur, éclairées par des projections électriques qui transformaient chaque gerbe d'eau en un arc étincelant, ce fut parmi la foule un frémissement d'admiration et de surprise. On ne saurait en effet imaginer spectacle plus merveilleux que toutes ces clartés éblouissantes s'élançant, s'entre-croisant au milieu de l'appareil de cette architecture imposante et qui semblaient animer de leur mouvement et de leur lumière un monde de nymphes et de dieux marins.

Un temps splendide permit aux hôtes de l'Empereur de jouir de la promenade pendant cette nuit enchantée et les prestiges de la science moderne se mêlant à l'art ancien, on ne pouvait s'empêcher de songer que Louis XIV n'avait jamais dû contempler Versailles encadré dans une aussi extraordinaire magnificence. A minuit, un souper, pendant lequel les chœurs de l'Opéra se firent entendre, était servi dans la galerie des glaces, éclairée par ces petits lustres chargés d'une profusion de bougies grosses comme des cierges, qu'il avait fallu faire fabriquer tout exprès pour répondre aux proportions des bougies de cire qui servaient jadis à l'éclairage de nos pères. Les invités du souper et de la représentation de Versailles étaient à peu près les mêmes que ceux de la représentation de gala à l'Opéra, mais en nombre plus restreint.

Vers deux heures, Leurs Majestés rentraient à Saint-Cloud après une journée bien remplie. La foule s'écoulait et Versailles retombait dans sa mélancolie séculaire.

La veille, l'Empereur et le Roi d'Espagne entourés d'un état-major où l'on put voir des uniformes de toutes les armées du monde, avaient passé en revue, au Champ-de-Mars, douze des magnifiques régiments de la Garde. Lorsque l'Empereur passait une revue solennelle de la Garde, ou bien lorsque ces régiments partaient pour faire campagne, la remise des drapeaux donnait lieu à un cérémonial imposant. Les drapeaux des différents régiments de la Garde étaient déposés dans le cabinet de l'Empereur, de même que dans les autres armes il est placé chez le colonel. Ce jour-là, douze cent-gardes, accompagnés chacun d'un cent-gardes en serre-file, étaient allés, avec une escorte d'honneur, prendre aux Tuileries les drapeaux surmontés de l'aigle d'or aux ailes déployées. A leur arrivée sur le terrain de revue, chaque officier porte-drapeau, ayant à ses côtés deux sergents décorés, s'avançait entouré d'un peloton d'honneur et recevait des mains du cent-gardes le drapeau de son régiment. C'est ce que l'on appelait la remise des aigles.

Après une semaine de séjour, Dom François d'Assise quittait Saint-Cloud, laissant à tous ceux qui avaient eu l'honneur de l'approcher, l'impression la plus favorable. Lorsque plus tard, en 1868, au moment de la révolution, la famille royale dut quitter l'Espagne, le souvenir de cette réception engagea le Roi à se fixer à Paris dont il n'a pas cessé d'être depuis un des hôtes les plus sympathiques.

Après le départ du Roi, l'Impératrice alla faire sa visite de condoléances à la Reine Marie-Christine; car tels sont les assujettissements de la grandeur que la mort de la jeune Princesse Ladislas Czartoriska, belle-sœur du Roi d'Espagne, n'avait pas interrompu les réjouissances projetées. Le deuil n'étant pas déclaré officiellement, il n'y avait pas à en tenir compte.

On connaît le roman du second mariage de la

Reine Marie-Christine, princesse de Naples, veuve de Ferdinand VII, mère de la Reine Ysabel et de la duchesse de Montpensier. Proclamée régente en 1833 après la mort de son époux, la Reine Marie-Christine se démit volontairement de la régence en 1840, alors que sa fille la Reine Ysabel n'avait encore que dix ans. Mariée secrètement au Duc de Riançarès, son mariage ne fut reconnu et officiellement déclaré qu'en 1844. Le Duc de Riançarès était un simple gentilhomme de la cour d'Espagne, sans grande naissance et sans biens, nommé Muño. C'était un des plus beaux hommes de son temps. Plusieurs enfants naquirent de cette union. Aucun d'eux ne prit le rang de prince du sang. La Princesse Amparo était l'aînée. La Reine Christine avait fait construire dans les Champs-Élysées le bel hôtel devenu depuis la propriété de Mme la Duchesse d'Uzès. La Reine Christine et le Duc de Riançarès reçurent tous deux l'Impératrice dans leur grand deuil. La Reine, petite et très forte, marchait péniblement. En voyant le Duc de Riançarès à cette époque, on avait peine à reconstituer le roman de ses royales amours. Très grand, maigre et fortement basané, il portait une perruque d'un noir de jais soigneusement plaquée sur le crâne et dont le dur contraste avec des traits accentués par l'âge lui donnait une étrange physionomie.

Après tant de fêtes, un peu de calme nous semblait bien désirable. Il ne devait pas durer cependant. Le prince royal d'Italie était attendu. Le Prince Humbert venait en France pour accompagner l'Empereur aux manœuvres du camp de Châlons, et l'on tenait à accueillir l'héritier du trône avec éclat. Nous étions encore près de l'époque où la France versait son sang pour affranchir le peuple italien de l'oppression qui l'avilissait depuis tant d'années.

Dans cette fin de siècle, les événements se sont précipités avec une si étrange variété que les dates se confondant, les faits contemporains semblent plus près des siècles antérieurs que du nôtre, et lorsque dans peu d'années les principaux acteurs auront disparu, on aura peine à discerner, dans l'ordre des âges, la place que doivent occuper les événements les plus proches de nous.

François Ier et Charles-Quint? Napoléon III et

Victor-Emmanuel? Histoire ancienne, diront nos
neveux. Et cependant la vie des nations est toute
palpitante encore de l'influence de ces disparus
d'hier. Ils sont peu nombreux ceux qui se sou-
viennent du départ de nos troupes pour la guerre
d'Italie, de l'entrain, de la joie débordante avec
lesquels nos soldats s'embarquaient !

— Train de plaisir pour l'Italie et Vienne ! écri-
vaient-ils à la craie sur les wagons où ils s'en-
tassaient. Les zouaves de la Garde reçoivent leur
ordre de départ.

— Voilà la guerre ! Plus de salle de police !

Et pendant quarante-huit heures la caserne
est vide. Le régiment s'éparpille, disparaît, s'éva-
nouit; cependant au jour du départ pas un homme
ne manque à l'appel, et astiqués comme pour la
parade, ils traversent Paris au milieu des em-
brassements de la foule, tous des fleurs au canon
du fusil. En effet, on partit pour cette guerre
généreuse comme on part pour une fête.

L'arrivée de l'Empereur à Gênes, saluée par
une population en délire, est restée légendaire et
chacun de nos soldats, transformé en paladin par
l'enthousiasme populaire, put se croire appelé à

devenir un libérateur. Longtemps les soldats d'Italie ont conservé la griserie des triomphateurs et le souvenir de Napoléon III, au faîte de la gloire et de la toute-puissance, a laissé un ineffaçable prestige dans le cœur de ceux qui furent ses compagnons d'armes. L'Empereur, en effet, était avec eux sur tous les champs de bataille. A Magenta, s'étant porté au point le plus périlleux de l'action, entouré de son brillant état-major, de ses cent-gardes dont la taille élevée et l'uniforme le désignaient à l'attention de l'ennemi, l'Empereur devint le point de mire de l'artillerie autrichienne.

« Avec sa placidité sereine, s'exposant au mi« lieu de nous, restant immobile sous un feu vio« lent, toutes les représentations possibles lui « produisaient le même effet que si l'on eût parlé « à une statue, » raconte un témoin oculaire !

Et cependant il gourmandait Victor-Emmanuel, « il re galantuomo », qui allait aux avantpostes comme un sous-lieutenant et chargeait comme un hussard.

— Si vous continuez à vous exposer ainsi, je serai forcé de vous mettre aux arrêts, disait au Roi l'Empereur, commandant en chef des armées d'Italie.

Nos soldats, entraînés par la valeur, par l'en-train de leurs chefs, se battaient comme des lions, se jetant sur l'ennemi à la baïonnette. On dut faire un ordre du jour pour leur rappeler qu'ils avaient des armes à feu, et qu'ils devaient s'en servir.

On a longuement discuté sur les motifs qui ont pu déterminer l'Empereur à mettre brusquement un terme à une campagne si victorieusement poursuivie. On a été jusqu'à donner des raisons occultes à la conduite du souverain et la légende du carbonarisme a servi de texte à des historiens complaisants.

Le plus vraisemblable, le plus sérieux, c'est que l'état de l'Europe exigeait alors que la paix se fît promptement.

L'abaissement de l'Autriche semblait encourager les menées révolutionnaires qui s'agitaient dans les provinces slaves de l'Empire. De plus, l'Empereur avait dès cette époque les yeux attirés sur les dispositions conquérantes qui commençaient à se dévoiler de l'autre côté du Rhin.

Sa proclamation à l'armée semble indiquer qu'il considérait la continuation de la lutte comme devant amener la guerre avec la Prusse.

La vue des champs de bataille, celui de Solférino en particulier, avaient aussi produit, après la victoire, une impression extrêmement pénible sur l'esprit de l'Empereur. Ces considérations ont pesé sur la détermination que prit Napoléon III, en envoyant, le soir même de la bataille, des propositions d'armistice à l'Empereur d'Autriche, dans une lettre qui était l'expression des sentiments les plus nobles d'un souverain victorieux pour un souverain vaincu. Plus tard, à Sedan, l'Empereur ne devait pas rencontrer la même générosité chez le vainqueur.

Après l'affranchissement de l'Italie, l'Empereur avait le droit de penser qu'il préparait à la France une alliance indestructible, et la cession de la Savoie, le berceau de la famille régnante, semblait, en fusionnant les deux peuples, devoir cimenter une indissoluble union. A cette époque, les relations entre la cour des Tuileries et la cour d'Italie étaient extrêmement courtoises. Le chevalier Nigra, le représentant à Paris de Victor-Emmanuel, était tout à fait « *persona grata* ». D'un esprit agréable et délié, admis dans l'intimité des souverains, il y occupait une place privilégiée. Dans les réunions de Fontainebleau qui avaient un caractère plus intime que celles de Compiègne, pendant les chaudes journées d'été, bercé dans la gondole vénitienne qu'on laissait flotter sur le lac, il avait de longs entretiens avec l'Empereur, avec l'Impératrice. Doué d'une adresse et d'un tact exquis, au milieu d'une conversation qui ne semblait consacrée qu'à exalter poétiquement les beautés de la nature, en fredonnant une cavatine ou bien en expliquant les grands poëtes de son pays pour lesquels il professait un ardent enthousiasme, le ministre d'Italie touchait aux points les plus délicats de la politique européenne. Au moment de la visite du Prince Humbert à Saint-Cloud, l'Italie subissait une période de transformation; la capitale n'avait pas encore été transportée à Florence, et Turin, l'ancienne capitale des Ducs de Savoie, était restée capitale du royaume d'Italie. Le secret espoir d'atteindre à Rome germait dans l'esprit des hommes d'État italiens; mais porter la main sur le domaine pontifical était une révolution si considérable, destinée à produire une perturbation si profonde dans les traditions séculaires de la politique européenne, que nul encore n'aurait osé la sanctionner. L'Italie conservait vis-à-vis de l'Empereur une attitude d'alliance et presque de suzeraineté. Pour transporter la capitale à Florence, on invoquait de puissantes considérations d'ordre administratif, parlementaire, stratégique. Victor-Emmanuel, tout en cédant comme Roi d'Italie aux raisons qui tendaient à déplacer le centre du gouvernement, ne pouvait oublier les traditions de sa maison, tous les liens d'enfance et de jeunesse qui le rattachaient à Turin, le glorieux berceau de ses ancêtres, et c'est avec un profond regret qu'il se voyait amené à dépouiller sa ville natale des privilèges attachés à la capitale d'un grand État, à anéantir l'antique suprématie du domaine de ses aïeux. La visite du Prince Humbert, à ce moment, n'était pas étrangère à la grave décision, qui fut prise à son retour auprès du Roi son père, de déclarer Florence capitale.

En 1864, le Prince Humbert n'avait que vingt ans, mais il semblait plus âgé. Le Prince ressemblait vaguement à Victor-Emmanuel, dont il cherchait à imiter l'attitude et les façons. Il avait plus de ressemblance avec la Princesse Clotilde, sa sœur, dont la physionomie cependant avait un caractère exceptionnel de douceur. La différence d'expression de leurs deux visages offrait avec une assez grande similitude de traits un contraste singulier. Autant chez la Princesse paraissait de douceur, de bonté, de timidité même, autant on voyait de vivacité, de fermeté dans le regard droit et hardi de son frère. Le Prince n'était pas grand, mais il avait une jolie tournure et fort bonne mine sous son uniforme piémontais. Dans les fêtes données en son honneur à Saint-Cloud, on vit entre autres la belle Marquise de Castiglione. C'est une des dernières fois qu'elle parut à la cour. Elle portait une toilette assez tapageuse en soie bleue ornée de valenciennes et une coiffure haute et crêpée avec les cheveux tirés droit sur la tête et ornés de grosses branches de fleurs bleues qui était bizarre pour la mode de l'époque. Admirable de taille et de visage, la Comtesse de Castiglione avait des yeux superbes, la bouche charmante, le front bombé, et légèrement fuyant vers le haut; mais un air de hauteur olympienne tenait les sympathies à distance, et l'on était peu disposé à lui pardonner cette merveilleuse beauté dont elle était si fière et que l'on a tant vantée.

Le jour vint du départ de l'Empereur pour le camp de Châlons. Le Prince Humbert prit congé de l'Impératrice, en présence de toute la cour réunie pour lui faire honneur. Après s'être incliné pour baiser la main que Sa Majesté lui tendait, en se redressant un peu brusquement, il perdit tout à coup l'équilibre et, glissant en arrière sur les talons qu'il portait fort élevés, il faillit tomber à la renverse. Par un prodigieux effort, il se maintint et s'arrêta à mi-chemin de la chute. Ce fut, au milieu du silence et de l'attention générale, un moment d'émotion facile à comprendre. Le Prince, très troublé en reprenant son équilibre, jeta autour de lui un regard si courroucé, qu'il semblait prêt à écraser sur l'heure quiconque eût souri. Fort heureusement, à la cour, chacun sait se contenir, personne ne broncha et l'Impératrice, avec la grâce et l'esprit d'à-propos qui l'aidait à voiler les situations délicates, eut bien vite effacé cette petite mésaventure.

Pour revenir à ces prétendus liens avec les révolutionnaires italiens qui auraient imposé à l'Empereur, pendant toute la durée de son règne, une ligne de conduite en contradiction avec les intérêts politiques de la France, je rapporterai ici une conversation dont j'ai conservé un souvenir très précis.

C'était après la guerre, le 15 novembre 1871, à Chislehurst, le premier anniversaire de la fête de l'Impératrice passé par Leurs Majestés en exil ; alors que naguère encore nous étions accoutumés à la voir célébrer à Compiègne au milieu de l'apparat de la souveraineté. Nous redoutions pour l'Empereur et l'Impératrice les tristesses d'un jour plein de souvenirs comme celui-là, et plusieurs dames du Palais avaient tenu à venir auprès de Leurs Majestés pour partager et tâcher d'adoucir la mélancolie de cet anniversaire.

Cependant, dès la veille, des monceaux de fleurs avaient été envoyés de tous les points de la France, et, pendant toute la journée, tous les véhicules disponibles de la petite station avaient voituré sans relâche à la résidence de Cambden des caisses énormes toutes remplies d'une véritable moisson. Le hall, la vaste galerie, les salons étaient encombrés de ces belles gerbes entassées qui amenaient aux exilés, avec le souvenir des cœurs fidèles, un peu de l'air, du soleil, du parfum de la France. Le Prince Impérial apportait à sa mère ces brassées de fleurs dans lesquelles il plongeait son visage; il en buvait le souffle embaumé et, pour chaque nom qui accompagnait l'envoi, il trouvait un mot de souvenir, de gratitude affectueuse. Pour lui, chacune de ses fleurs était une voix consolante, une pensée, une espérance. Après la messe, toute la journée fut occupée à recevoir des fleurs, des lettres, des télégrammes.

A l'heure du dîner, vingt personnes environ étaient réunies autour de la table impériale, que l'on avait ornée de bouquets venant de France et qui prenait un air de fête.

Parmi les personnes présentes : Mme de Sancy de Parabère, dame du Palais de l'Impératrice, femme d'un mérite éminent, d'un rare esprit, constatait, au milieu de la conversation générale, combien en peu de temps les changements politiques peuvent amener de changements dans les mœurs, dans les habitudes, dans le langage même de la meilleure compagnie.

— Ainsi, disait-elle, les hommes les plus courtois n'hésitent pas à employer, pour qualifier leurs adversaires politiques, des expressions si violentes qu'on les aurait considérées il y a deux ans comme une véritable insulte. Et aujourd'hui, quel que soit le salon où l'on se trouve, au lieu de ces fines causeries, dans lesquelles chacun apportait sa part d'esprit, de réflexions générales, ce ne sont que discussions aigres, mots blessants. Au bout d'une heure tout le monde est congestionné, mal à l'aise; on se sépare mécontent et la maîtresse de la maison voit s'éloigner d'anciens amis, irrités d'avoir eu à soutenir une discussion dans laquelle leurs plus chères croyances ont été offensées suivant qu'ils appartiennent à tel ou tel parti. C'était, en effet, au lendemain de la guerre, une des tristesses de notre pays, que ces luttes intimes, où les intérêts se divisaient, où tous les sentiments étaient choqués : notre génération en a souffert, jusqu'à ce que l'indifférence soit venue tout amortir sous l'usure du temps.

— Lorsque dix personnes sont réunies, ajouta quelqu'un, il y a cinq avis différents.

— Oui, dit l'Empereur; c'est bien le caractère français. Ici même, ajouta-t-il, autour de cette table toutes les opinions sont représentées.

Chacun se récria.

La physionomie de l'Empereur s'éclaira alors de ce sourire bienveillant et fin que ses familiers connaissaient et qui présageait une de ces remarques que l'Empereur, souvent absorbé en apparence, faisait sur toute chose, et qu'il exprimait avec une malice pleine de bonhomie.

— Ainsi toi, dit-il en s'adressant à l'Impératrice placée à sa droite, tu as toujours été légitimiste. Tu es fanatique du comte de Chambord ; tu admires son caractère et même ses proclamations au peuple français.

L'Impératrice en convint en souriant.

— Voilà Mme Lebreton, ajouta l'Empereur : elle est très orléaniste ; elle a conservé beaucoup d'attachement, j'en suis sûr, pour les Princes d'Orléans.

En effet, Mme Lebreton, la lectrice de l'Impératrice, la fidèle compagne de son exil, dont le père fut tué glorieusement au service de la Grèce, avait été, ainsi que son frère l'illustre Général Bourbaki, élevé par les soins de la Reine Marie-

Amélie. Souvent, pendant les vacances et les congés, elle venait à Neuilly partager les jeux des jeunes Princesses, dont elle avait l'âge.

— Quant à vous, Conneau, continua l'Empereur, en apostrophant son vieil et fidèle ami, le Docteur Conneau, dont les yeux vifs riaient derrière un lorgnon de myope et qui écoutait en approuvant l'Empereur par des signes de tête, je vous connais. Vous êtes un franc communard. Vous avez toujours eu les idées les plus subversives; vous êtes un ennemi de la société. On vous a vu à l'œuvre du temps où vous étiez à Florence, affilié à des sociétés secrètes! Vous êtes un carbonaro.

Tout le monde rit à cette petite raillerie paradoxale de l'Empereur, qui s'adressait au plus doux, au plus pacifique, au plus dévoué des hommes.

Puis, après un moment de réflexion, l'Empereur reprit d'un ton plus sérieux :

— C'est singulier comme les légendes se forment. Et se tournant vers moi qui étais placée près de l'Empereur, étant à la gauche du Prince Impérial :

— Je suis sûr que vous avez entendu dire bien souvent que j'étais un ancien conspirateur, affilié à toutes les sociétés secrètes de l'Italie ; on a prétendu que je restais sous le coup des attentats d'anciens complices pour avoir fait la paix à Solférino, avant d'avoir accompli l'indépendance de l'Italie, en lui donnant Rome pour capitale. N'a-t-on pas été jusqu'à répandre cette fable digne d'un mélodrame du boulevard, qu'à la veille de l'exécution d'Orsini, j'avais été le visiter dans sa prison, prêt à le faire évader, mais que l'arrogance de cet ancien complice m'avait seule empêché de le soustraire à la justice. J'ai toujours répugné à l'application de la peine de mort, surtout dans les attentats personnels. Mais trop de gens avaient péri lors de l'attentat d'Orsini. Ce n'était plus un crime politique, mais un crime de droit commun, qu'il avait commis en sacrifiant la vie de tant de pauvres gens. Je n'avais pas le droit de la clémence puisqu'ils avaient péri à ma place. Il fallait à l'indignation publique répondre par une expiation exemplaire.

— Ce qui a dû donner lieu à cette fable de mes relations avec les conspirateurs italiens, continua

l'Empereur, c'est que mon frère aîné, le Prince
Louis-Napoléon, qui vivait à Florence, auprès
du Roi mon père, était très mêlé à toute la jeunesse italienne, ardente à secouer la domination
de l'Autriche. Il se lia au parti des hommes
d'action que l'oppression étrangère exaspérait et
qui se réunissaient mystérieusement pour chercher le moyen d'arriver à la délivrance. On sait
par quelles rigueurs le despotisme du gouvernement autrichien chercha à étouffer ces germes
de révolte. Quelques grandes familles italiennes
furent frappées sans pitié et proscrites. L'indignation s'accrut : on n'en fut que plus disposé à secouer le joug étranger et les sociétés secrètes se
multiplièrent. Vous en étiez, Conneau, avec mon
pauvre frère, qui était bien le plus imprudent, le
plus charmant et le plus généreux des hommes.

Je vivais alors en Suisse auprès de ma mère,
très absorbé par mes études militaires, et trop
jeune encore pour m'intéresser à ce mouvement
d'idées. J'allais bien rarement à Florence où
s'était retiré le Roi de Hollande. C'est mon frère
qui venait souvent nous voir à Arenenberg. On
m'appelait alors le Prince Louis.

A la mort de mon frère, je pris le nom qu'il portait, et depuis lors on m'appela le Prince Louis-Napoléon. La vie de mon frère a été courte ; il était peu connu en France. Lorsque j'y fus appelé plus tard par les événements, pour bien des gens qui l'avaient connu en Italie, nos deux personnalités se confondirent, et c'est ainsi qu'est née la fable de mes prétendus liens avec les « carbonari ».

— Mais, papa, demanda le Prince Impérial lorsque l'Empereur eut parlé, je vois maman qui est légitimiste, Mme Lebreton orléaniste, le docteur Conneau républicain. Où sont donc les Impérialistes ici?

Alors l'Empereur, passant sa main sur la tête de son fils, et l'attirant tendrement :

— Les Impérialistes, c'est toi.

CHAPITRE IV

Séjours à Compiègne. — Le peintre Couture. — Listes d'invitations. — Toilettes de souveraine. — Le petit costume. — Arrivée des souverains. — Arrivée des invités. — Mme Rouher. — Le diner. — La fête de l'Impératrice. — Les bouquets. — Toast du Prince Napoléon. — Son humeur. — La Princesse Clotilde. — Les valseurs. — Le marquis de Caux. — Carpeaux. — Un drame dans le fond d'une assiette. — Fleurs échangées. — La comtesse de Mercy-Argenteau. — La Maréchale Pélissier. — La Maréchale Canrobert. — La Comtesse Fleury. — Le Général Schmitz. — Le Général de Galliffet.

La vie des souverains étant une chaîne sans fin d'occupations et de représentation, il fallut, aussitôt après le retour de Schwalbach, songer aux préparatifs du départ pour Compiègne.

On sait que Napoléon III avait fait de ce palais une résidence de fêtes, où de nombreux invités, appartenant à l'élite du monde officiel artistique et mondain, venaient chaque année passer quelques journées, que l'on s'efforçait de leur rendre aussi agréables que possible, et pendant lesquelles on se trouvait mêlé d'une façon intime à la vie des souverains. On a souvent décrit ces fêtes. Il est difficile d'exprimer avec quelle cordiale bienveillance on était reçu. L'immense palais de Compiègne ne contient qu'un nombre limité d'appartements ; il fallait diviser les invitations en plusieurs séries, afin que chaque groupe d'invités fût installé d'une façon confortable et en rapport avec le rang de chacun. Il y avait les appartements princiers, comprenant toutes les dépendances nécessaires au personnel du service d'honneur qui accompagne les princes et souverains ; les appartements des ministres et ambassadeurs, où il fallait ménager la place des secrétaires pour l'expédition des affaires urgentes ; les appartements des élégantes mondaines, aux caisses envahissantes ; les appartements des ménages, les appartements de garçon. Dans toutes ces installations, on trouvait, avec mille recherches, tout le confortable possible.

Aussi se trouvait-on à merveille, et les mécontents étaient fort rares. La réponse du peintre Couture, auquel l'Impératrice demandait, le lendemain de son arrivée, comment il se trouvait à Compiègne, est restée célèbre :

— Je me trouve d'autant mieux, Madame, avait-il dit, pensant sans doute qu'un appartement plus grandiose devait lui être attribué, que ma chambre me rappelle la mansarde où j'ai fait mes débuts artistiques.

L'Impératrice composait elle-même les listes d'invitations, et c'était un travail plus long et plus fatigant qu'on ne pense, de ménager toutes les susceptibilités, toutes les exigences, de réunir des personnalités sympathiques, d'éviter les froissements, de mélanger chaque série, en sorte que les éléments agréables et les éléments sérieux fussent également répartis.

L'Impératrice puisait dans des listes qui lui étaient soumises par le service du grand chambellan, et qui comprenaient, outre le monde officiel, le nom de toutes les personnes présentées à Leurs Majestés. Se rappelant les plus petites particularités, l'Impératrice avait l'art de tout ménager et d'accorder les éléments les plus divers.

Chaque ministre, chaque ambassadeur devait avoir son tour; les conseillers d'État, les auditeurs et leurs jeunes femmes ; les sénateurs, les députés, les membres de l'Institut, les académiciens, le corps diplomatique, l'armée, le monde élégant, recevaient également des invitations et il fallait que nul ne pût se croire moins favorisé que ses collègues.

— C'est le problème du chou, de la chèvre et du loup, disait l'Impératrice, en remuant les trois ou quatre cents noms qu'il fallait grouper.

Et puis venait la question des toilettes à choisir et à essayer. C'était l'emploi de plusieurs matinées : Worth, particulièrement, pour les toilettes du soir ; Laferrière, pour les petits costumes ; Mlle Félicie, pour les manteaux et les vêtements ; Mme Virot et Lebel, avec des assortiments de chapeaux, chacun arrivait à tour de rôle à Saint-Cloud ; on soumettait à l'Impératrice des dessins, des étoffes. Sa Majesté choisissait, donnait ses ordres ; on revenait essayer et, assez rapidement, les éléments compliqués de la toilette d'une souveraine étaient réunis.

Pour le soir, l'Impératrice portait de préférence des robes de tulle, ornées de garnitures de fleurs ; dans les cheveux, de grosses guirlandes rondes de fleurs pareilles, qui encadraient admirablement son fin profil.

On y mélangeait souvent des feuillages, des fleurs en diamant, de longues aiguillettes de brillants, qui se détachaient au milieu des boucles, ou bien deux grosses boules en diamant que Sa Majesté portait habituellement le soir, pour soutenir le bas de la coiffure près de la nuque. A une époque où les exagérations de la mode ornait la tête de certaines femmes d'une chevelure qui faisait penser au bonnet à poil des grenadiers de la Garde, l'Impératrice ne toléra jamais les échafaudages savants de son coiffeur en titre, M. Leroy, qui suivait la cour à Compiègne. La baronne de Poilly, belle encore, bien qu'elle eût dépassé la jeunesse, avait un chignon célèbre et une hardiesse d'innovation qui faisait dire à une de ses amies :

— Nous verrons bientôt Annette se coiffer d'un singe.

Il y avait certaines nuances que l'Impératrice préférait et auxquelles, malgré les efforts des couturières pour inaugurer du nouveau, on revenait toujours. C'était, pour le soir, le blanc, le gris-perle, le mauve, le jaune-maïs.

Worth proposait le rouge, la couleur feuille-morte, des verts variés. Après quelques essais, on revenait aux tons adoucis. Pour la journée, c'était du loutre, du gros-bleu, du beige.

La véritable révolution que l'Impératrice apporta dans la toilette des femmes fut d'adopter pour la journée les petits costumes.

Ce fut en 1860 que les premières jupes courtes firent leur apparition au moment d'un voyage de l'Impératrice dans les Alpes, lors de l'annexion de Nice et de la Savoie. C'est alors que Sa Majesté adopta ce genre de toilette qui convenait aux excursions de montagnes. Dans le principe, le petit costume emprunta son originalité aux modes britanniques. Sur une ample jupe en tartan écossais, dont le bord dépassait légèrement, était jetée une jupe d'étoffe différente, relevée en draperies régulières. Un corsage en forme de veste et une toque ronde complétaient cet ajustement, car, fût-on reine, dès que l'on quitte les galeries, les parcs des palais pour mettre le pied dans le domaine commun aux simples mortelles, les traînes de soie et de dentelles ne sont bientôt plus qu'un amas de loques et de chiffons. Les déesses seules, qui marchaient sur les nuées, avaient le privilège de conserver intacts leurs atours tissus d'air.

C'est de ce voyage en Savoie que datent les petits costumes qui, depuis trente ans, ont été la parure des femmes de tout âge, et c'est à l'Impératrice Eugénie qu'est dû cet heureux changement de la mode. Cependant l'usage ne s'en généralisa pas sans crise. Certaines douairières crièrent à l'inconvenance en voyant que l'on abandonnait la longue traîne imposante, et le petit costume eut pendant un moment l'importance d'une question politique. Mais la jeunesse tint bon et l'emporta. On a beaucoup critiqué le luxe de la toilette des femmes à la cour de Napoléon III, bien dépassé aujourd'hui, puisque le budget d'une femme à la mode a plus que doublé depuis lors. L'Impératrice chercha à modérer l'émulation d'élégance qui s'était emparée des personnes admises à la cour, particulièrement de celles qui étaient appelées à faire partie des séries de fêtes à Compiègne. Sa Majesté affecta de ne porter dans la journée que des lainages unis, des vêtements de drap, plus confortables pour les promenades en forêt et les excursions; instantanément, le velours et le satin furent délaissés, et l'on s'empressa de suivre l'exemple venant de haut. Certains esprits critiques ne virent là qu'un caprice de souveraine élégante. C'était une protestation; et, de même que l'Impératrice nommait « ses robes politiques » les lourdes et somptueuses étoffes de Lyon, auxquelles son goût délicat eût peut-être préféré des tissus plus simples et plus seyants; de même le petit costume eut pour but, dans le principe, une réaction contre le luxe de la toilette.

Jusque vers 1864, le petit costume fut laissé à sa véritable destination, c'est-à-dire qu'il ne parut que dans les voyages, à la campagne et aux eaux. Le décorum imposait les robes à demi traînantes et à large envergure, rappelant par l'ampleur et la disposition les modes de 1780, pour les séjours en ville, les visites, les réceptions du matin, le théâtre, la demi-toilette, enfin, tandis que la robe à queue, portée le soir par toutes les femmes, s'étalait ample et solennelle dans les châteaux, dans les boudoirs, dans les salons, dans les palais. Il était peut-être plus difficile alors de paraître charmante, lorsque quelques traits malicieusement accentués suffisent à faire des caricatures grotesques des plus jolies toilettes de ce temps.

Ce fut un véritable soulagement d'abandonner, pour la journée, ces modes exagérées, ces flots d'étoffe encombrants et pesants. On s'accoutuma vite à ce vêtement pratique, avec lequel, leste et légère, on se glisse au milieu de la foule, dans les magasins, parmi les voitures, sans craindre les mille accidents auxquels donnaient lieu des robes démesurées. Enfin, la main savante des plus habiles couturiers chiffonna le petit costume avec tant d'élégance et de goût, qu'il devint une parure tout à fait séduisante. A la cour, on l'adopta complètement pour la journée. Mais Sa Majesté le portait encore un peu incognito aux Tuileries, où sa tenue journalière était une jupe de taffetas noir, légèrement relevée sur un jupon de lainage rouge, la plupart du temps, avec le corsage de même étoffe, retenue par une ceinture noire, fermée d'une boucle d'or, dont les enlacements formaient le monogramme du nom d'Eugénie. Pour sortir dans les Daumont, lorsqu'on ne devait pas marcher, l'Impératrice s'enveloppait d'un long manteau de forme et d'étoffe élégantes, et, coiffée du petit chapeau fanchon à guirlande qui lui seyait si bien, elle se montrait au Bois, où l'on admirait le luxe de sa toilette, sans se douter que, par préférence, le fond en était fort simple.

Pour la messe du dimanche, pour les audiences et les réceptions du jour, l'Impératrice avait conservé les robes longues fort habillées. Quelques femmes à la mode tentèrent d'accommoder les jupes courtes aux toilettes du soir, de théâtre et pour les réceptions intimes; mais cela parut fort disgracieux, et l'usage ne s'en généralisa qu'après la guerre. Jusqu'en 1870, les robes longues furent seules portées le soir aux Tuileries, même par les jeunes filles.

On partait pour Compiègne du 6 au 8 novembre, afin de s'y trouver le 15, jour de la fête de l'Impératrice, que l'on célébrait avec apparat.

Sa Majesté aimait à se retrouver à cette époque dans ce palais, qui lui rappelait les plus beaux moments de sa jeunesse, alors que l'amour de l'Empereur mettait une couronne à ses pieds.

Le jour de l'arrivée de la cour à Compiègne

était attendu et fêté par toute la population. Leurs Majestés recevaient les hommages de la garnison, rangée dans la cour du palais, des autorités; puis on s'installait, et la première série des invités arrivait vers le 12. Les écuyers de service allaient au-devant des hôtes de l'Empereur. La distance de la gare au château était rapidement franchie dans les grands chars à bancs à quatre chevaux, attelés en poste avec la plus parfaite correction. On traversait la ville au grand trot. On franchissait la grille de la colonnade élégante qui, du côté de la place, anime la monotonie architecturale du palais, construit par Louis XV, et les postillons, sans quitter leur allure, faisant décrire à leur attelage une courbe élégante, s'arrêtaient net devant les marches du grand perron. En entrant dans un vaste péristyle, sorte de galerie à colonnes ornée de statues, et d'où s'élance l'escalier d'honneur, on trouvait un suisse avec la hallebarde et le baudrier, et de nombreux valets de pied à la livrée impériale en drap vert galonnée d'or, les culottes courtes, le gilet rouge et les bas blancs.

Le palais de Compiègne, construit en terrasse, élevé de deux étages du côté de la cour d'honneur, n'en a qu'un sur le parc. Les grands appartements que les souverains habitaient auprès des appartements de réception, occupent tout le rez-de-chaussée de ce côté. L'arrivée de tout ce monde causait dans la ville un moment de brouhaha indescriptible. C'était, pour les vingt-cinq ou trente femmes invitées, un tel débordement de caisses, qu'on aurait pu croire au mouvement d'une armée en campagne. Prenant à Paris un train spécial qui partait à deux heures, on avait à peu près une heure et demie de voyage et il était environ quatre heures, presque la nuit close, lorsqu'on arrivait.

Un de mes grands divertissements était d'aller guetter l'arrivée des invités par un petit passage intérieur qui conduisait à une porte dissimulée dans la muraille du grand escalier : on pouvait, en entr'ouvrant cette porte, tout observer sans être vu. On saisissait ainsi des petites scènes intimes fort réjouissantes : l'étonnement, l'embarras des nouveaux venus, les réflexions de chacun, l'inquiétude de ceux qui tremblaient pour leur bagage ; la hâte que l'on montrait à prendre possession de son appartement, l'agitation des femmes qui craignaient d'être en retard si les caisses n'arrivaient pas à temps.

De jolis fronts, que l'on était accoutumé à voir toujours souriants, se contractaient avec mauvaise humeur, si quelque détail de toilette avait manqué au dernier moment, ou bien si l'on ne reconnaissait pas dans la foule des arrivants les amis de son choix. Certains maris, les mains chargées de menus bagages, nécessaires à bijoux, sacs et tartans, grommelaient d'un air maussade. Les dames mûres montaient avec accablement les hauts degrés de l'escalier d'honneur. De vieux messieurs, saisis par le grand air vif qu'on venait de respirer dans les chars à bancs, toussaient d'un air chagrin; d'autres affectaient au contraire une allure pimpante, ou bien se croyaient obligés, en franchissant le seuil de la demeure impériale, de prendre un air composé et solennel. Enfin, les secrètes faiblesses de l'humaine nature se dévoilaient parmi toutes ces personnes, dont un certain nombre ne se connaissaient pas, et qui, ne se croyant pas observées, ne songeaient pas à se contraindre.

C'était un peu en cachette que je me rendais à

ce poste d'observation, l'Impératrice tenant à ce que ses hôtes fussent traités avec la plus parfaite courtoisie, et Sa Majesté blâmant le sentiment de curiosité malicieuse qui m'attirait là. Je n'y allais pas seule, du reste, et les autres dames étaient en général assez curieuses de ce petit épisode de l'arrivée à Compiègne.

Enfin, guidés par les chambellans, qui remplissaient leurs fonctions de la meilleure grâce du monde, chacun, suivant son rang, était conduit à son appartement. Les gens de service et les bagages arrivaient avec une ponctualité qui dissipait toutes les inquiétudes et on se préparait à paraître devant les souverains, au moment du dîner.

Vers sept heures un quart, on commençait à se réunir dans le grand salon. Toute trace de préoccupation s'était effacée et les visages rayonnaient de grâce et de satisfaction. Les femmes étaient en toilette de bal, les hommes portaient l'habit noir, la culotte et les bas de soie noire avec des souliers à boucle, ou bien le collant, admis pour ceux qui craignaient les fraîcheurs ou qui préféraient ne pas exposer aux regards indiscrets le galbe peut-être incorrect de leurs mollets.

C'était un compromis assez disgracieux entre le pantalon et la culotte, et qui n'était généralement adopté que par les hommes d'un âge mûr, car les jeunes gens trouvaient tous moyen d'exhiber une jambe suffisamment bien tournée. Bientôt Leurs Majestés, sortant de leurs appartements, venaient recevoir et saluer leurs hôtes.

Pendant les instants qui s'écoulaient entre la réunion dans le salon et l'entrée des souverains, des groupes se formaient. On se reconnaissait, on examinait les nouveaux venus, ce qui donnait lieu parfois à des scènes divertissantes. La première fois que Mme Rouher parut à la cour, ce fut à Compiègne. Personne encore ne la connaissait, tandis que M. Rouher était déjà compté au nombre des familiers. Mme Rouher, petite et très brune, avait une physionomie agréable et piquante.

En la voyant entrer, la comtesse de la Bédoyère, qui causait avec un groupe d'amis dont M. Rouher faisait partie, la fit remarquer, en demandant :

— Qui est donc ce petit pruneau?

M. Rouher s'inclina, et répondit en souriant :

— Madame, c'est ma femme.

Mme de la Bédoyère, qui malgré cette réflexion assez risquée était aussi spirituelle que bonne et gracieuse, trouva une formule pour s'excuser; puis, afin d'échapper à l'embarras de l'incident, elle s'éloigna et rejoignit d'autres personnes.

— Il vient de m'arriver la chose la plus désobligeante du monde, leur dit-elle. Je causais avec M. Rouher; et en voyant entrer cette petite dame brune que je ne connaissais pas, je m'écrie : Qui est donc ce petit pruneau?

Auprès d'elle, une voix l'interrompt :

— Et j'ai eu l'honneur de vous répondre Madame : C'est ma femme!

C'était encore M. Rouher, qui, pour prolonger l'embarras de Mme de la Bédoyère, l'avait malicieusement suivie, et venait pour la seconde fois de saisir sa malencontreuse réflexion.

— Eh bien, je ne m'en dédis pas, répondit bravement Mme de la Bédoyère : les pruneaux ont du bon.

Mme Rouher, qui fut la plus dévouée des femmes, fière de l'homme dont elle portait le nom, passionnée pour sa gloire et ses succès, unissait à de l'esprit et à une instruction étendue beaucoup de simplicité dans les goûts et dans les habitudes. Comme M. Rouher, elle était d'Auvergne. Très jeune, elle fut envahie par un certain embonpoint, ce qui enlève toujours un peu de distinction surtout aux personnes de petite taille. Elle était fort lettrée, et, bien que sans aucune prétention, elle racontait volontiers que, d'après les textes les plus anciens et les plus authentiques, elle ressemblait trait pour trait à Cléopâtre, la reine superbe de l'Égypte, « qui, disait Mme Rouher, était juste de ma taille ».

A part les princes de famille régnante, les ambassadeurs ou les personnages dont le rang officiel ne perd jamais ses droits, et qui se trouvaient désignés à l'avance pour être placés aux côtés de Leurs Majestés, aucun rang n'était observé : l'on passait à table à sept heures et demie et l'on se groupait suivant le hasard ou les sympathies.

Les dames de l'Impératrice, les officiers des maisons impériales s'attachaient plus particulièrement à mettre à leur aise les personnes qui, venant à Compiègne pour la première fois, n'en connaissaient pas encore les habitudes. Le bon accueil fait par l'Empereur, par l'Impératrice, dissipait rapidement la gêne des premiers moments. Pour exprimer l'impression de cette bonne grâce dont on se sentait pénétré, un homme de beaucoup d'esprit au moment de quitter Compiègne me disait :

— Enfin, le lendemain de mon arrivée, je n'avais déjà plus peur de répandre mon verre sur la nappe.

Les repas se prenaient dans la grande galerie des fêtes, longue de quarante-cinq mètres, éclairée par vingt-deux croisées et décorée de vingt-deux colonnes en stuc doré. A chaque extrémité on voit la statue de Napoléon Ier et celle de Madame mère. Le couvert était une merveille d'élégance et de richesse. Des vases de Sèvres, remplis de fleurs, alternaient avec des corbeilles et de grands candélabres en argent chargés de bougies; et toute une chasse figurée par des groupes en biscuit de Sèvres, courait sur la table. C'étaient de petits personnages hauts d'un pied environ en costume Louis XV. Les valets de chiens avec leurs longues guêtres tenant en laisse des relais de chiens, les piqueurs sonnant de la trompe, les uns courant, d'autres au repos, des groupes de sangliers, coiffés par les chiens, et pour milieu de table un hallali de cerf.

Des lustres et des girandoles répandaient une vive clarté dans cette magnifique salle tout animée par le grand nombre de personnes qui entouraient l'immense table, par les maîtres d'hôtel qui servaient en habit marron, brodé d'argent, l'épée au côté, par les nombreux valets de pied poudrés, tous de très grande taille avec la livrée de cérémonie à double galon, les bas de soie rose. Pendant le repas, qui ne durait jamais plus de trois quarts d'heure, la musique se faisait entendre. Lorsque le dîner était terminé, Leurs Majestés se levaient, et on retournait dans les salons en traversant la grande salle des gardes ornée, par les soins de l'Empereur, de trophées copiés sur les plus beaux spécimens du Musée d'artillerie et du musée de Cluny.

La fête de l'Impératrice avait un caractère tout à la fois intime et officiel. Sa Majesté choisissait pour faire partie de cette première série les personnes qui lui étaient particulièrement sympathiques. C'était une faveur d'être invité ce jour-là.

Dès la veille, des fleurs, des lettres, des télégrammes arrivaient de minute en minute de tous les pays, de tous les souverains de l'Europe. L'Impératrice faisait placer les premiers bouquets dans son cabinet, et, de proche en proche, ils débordaient dans les salons, dans les galeries et jusque dans les vestibules. Toutes les tables, tous les coins en étaient encombrés. A côté des corbeilles merveilleuses, des gerbes rares, il arrivait d'humbles fleurs, de petits bouquets populaires avec un mot, témoignages touchants de gratitude et de souvenir. Ceux-là n'étaient pas les moins bien accueillis.

Dès le matin, l'Impératrice allait visiter les hôpitaux, voir les Sœurs, les remercier de leur zèle, de leur dévouement, afin de joindre l'expression de son intérêt aux dons qui étaient libéralement distribués aux malheureux. A onze heures, on disait la messe, à laquelle assistaient tous les invités; puis, après le déjeuner, tout le personnel officiel de la ville était admis à saluer les souverains.

Le 15 novembre 1863, le prince Napoléon étant à Compiègne, l'Empereur lui demanda, à la fin du dîner, de porter un toast à l'Impératrice et de faire un speech à l'occasion de sa fête. Le prince, suivant son rang, était placé à la droite de l'Impératrice. A la demande de l'Empereur il répondit par une grimace. L'Impératrice lui dit alors en souriant :

— Je ne tiens pas au speech, mon cousin. Vous êtes très éloquent ; mais vos discours me font toujours un peu peur !

On sait que le prince Napoléon ne se privait pas de fronder ouvertement la politique impériale.

On s'était levé, et, tout le monde debout, on attendait, sans bien comprendre ce qui se passait. L'Empereur réitéra sa demande.

— Je ne sais pas parler en public, répondit le prince Napoléon.

— Alors vous ne voulez pas porter la santé de l'Impératrice ?

— Si Votre Majesté veut bien m'excuser, je m'en dispenserai, dit le prince.

L'Empereur, se tournant vers le prince Murat, le pria de remplacer son cousin. Le prince Joachim porta le toast, et on quitta la table.

9.

L'Impératrice, habituée aux boutades du prince Napoléon, prit son bras pour rentrer au salon sans que sa physionomie souriante soit le moins du monde altérée. Le prince, la mine sombre et boudeuse, se tint isolé au milieu du salon pendant tout le reste de la soirée. Le lendemain matin, il y eut des allées et venues; et il s'ensuivit une sorte de réconciliation.

L'Empereur avait une longanimité sans bornes pour le prince Napoléon, qu'il considérait comme un enfant gâté, excusant ses écarts d'humeur en faveur de ses mérites et de leur ancienne amitié.

— Sous prétexte que vous lui avez appris les mathématiques, disait l'Impératrice, Napoléon se croit tout permis; il sait que l'Empereur lui pardonne tout.

Cependant l'incident du toast avait été assez public pour que le prince fût invité à rentrer au Palais-Royal. Il quitta Compiègne le même jour.

Le prince Napoléon, avant la naissance du Prince Impérial, s'était accoutumé à ne considérer l'Empereur que comme le précurseur de son règne. La naissance d'un héritier de Napoléon III renversa toutes ses espérances. Le prince n'était pas d'un caractère à modérer ses impressions. De là est né ce grand ressentiment que le prince conserva si longtemps contre l'Impératrice, qui eut après la mort du Prince Impérial la magnanimité de l'oubli, et ne vit plus dans le Prince Napoléon et dans ses fils que les héritiers de l'Empereur.

Cependant le prince Napoléon et la princesse Clotilde venaient chaque année à Compiègne, où la princesse apportait cette affabilité, cette grâce simple et royale qui ne la quittaient pas, même lorsqu'au Palais-Royal on la trouvait vêtue, comme une sœur des pauvres, d'une petite robe de laine noire, avec les cheveux tirés en bandeaux plats. Pour les fêtes de la Cour, elle faisait à sa toilette toutes les concessions que comportait son rang, et se montrait toujours parée avec goût et richesse.

Le jour de sa fête, l'Impératrice recevait les vœux de ses hôtes après le dîner. Chacun alors entourait Sa Majesté, lui offrant des fleurs, parmi lesquelles les violettes de Parme étaient en majorité. On savait que cette jolie fleur pâle et embaumée était la fleur de prédilection de l'Impératrice. Tous ces bouquets réunis formaient de véritables pyramides dans les angles de la galerie où on les disposait. Puis, vers neuf heures, on tirait un feu d'artifice devant le palais, du côté du parc. C'était une réjouissance tout extérieure, car la température ne permettait pas aux femmes en toilette de bal de se risquer au dehors. Après le feu d'artifice, on dansait. C'était de tradition, car la soirée était trop avancée pour la représentation théâtrale, qui avait lieu la veille ou le lendemain. Il n'y avait pas d'orchestre, et les gens de bonne volonté se mettaient au piano. Très grand musicien, le prince de Metternich jouait admirablement des valses viennoises au rythme entraînant. Le piano, sous ses doigts, avait la sonorité d'un orchestre, et lorsqu'il ne dansait pas lui-même, il mettait une complaisance inépuisable à faire danser la jeunesse. D'autres musiciens le remplaçaient, ou bien on avait recours, à leur défaut, à ce piano qui, au moyen d'une manivelle, joue tout ce qu'on veut. Il y avait toujours des hommes n'ayant point de science musicale, mais possédant un bras infatigable pour moudre des airs. Il y a vingt-cinq ans, on aimait encore la danse. C'était un des moyens de séduction pour lequel les hommes d'un âge mûr avaient parfois un soupir de regret.

Les jeunes gens les plus élégants se mêlaient avec entrain aux figures d'un quadrille ou d'un cotillon. Toute cette génération valsait, et les jeunes femmes n'hésitaient pas à interrompre une conversation, un flirt intéressant, pour un tour de valse. Pendant quelques années, le Marquis de Caux conduisit les cotillons de toutes les fêtes de la cour. Très correct de tenue, le visage épanoui, coiffé à la Bressant les cheveux frisés très près de la tête, il avait un fonds de bienveillance et d'amabilité tout à fait sympathique. Heureux de vivre, il fut un des « cocodès » les plus en vue de l'époque. Bien venu dans tous les salons, c'était un de ceux qui apportaient aux Tuileries le plus de nouvelles mondaines ; tous les sports lui étaient familiers. Il montait à cheval avec une élégance un peu personnelle, qui lui valait parfois la critique de ceux qui considèrent comme une dérogation toute infraction aux lois de la vieille école d'équitation française. En arrivant à Saint-Cloud, une des plus longues traites d'escorte que faisaient les écuyers de l'Empereur, le Marquis de Caux convenait de bonne grâce, en s'épongeant le front d'une fine batiste, qu'il n'aurait pu, comme Caulaincourt, escorter à la portière jusqu'à Saint-Pétersbourg. Il avait le goût des arts et on le voyait assidûment dans les coulisses des différents théâtres où les officiers de la maison de l'Empereur avaient leurs entrées. C'est ainsi qu'il entra dans l'intimité de la grande cantatrice Mme Adelina Patti, et que son mariage, très critiqué, fut, en réalité, un mariage d'amour.

En 1867, le Marquis de Caux accompagnait la cour à Biarritz. Lui, que l'on voyait l'esprit toujours alerte et dégagé, était visiblement absorbé.

Un jour, une caisse immense arrivait à son adresse à la Villa Eugénie. Les dimensions de cette caisse étant tout à fait inusitées, elle ne pouvait passer inaperçue. En traversant les escaliers et les corridors pour arriver à l'appartement du Marquis de Caux, elle fut remarquée. Elle contenait un magnifique portrait de grandeur naturelle, gracieux présent de la charmante artiste à un fiancé. L'image de la jeune diva, fraîche et vivante, se détachait de la toile sombre.

C'est ainsi que le mariage fut connu à la cour. L'Empereur, en apprenant ces projets d'union, rendit sa liberté au Marquis de Caux, qui revint à Paris. Le mariage fut célébré peu de temps après.

Durant quelques années la Marquise de Caux parcourut l'Europe avec un train de reine.

Très enthousiaste de son talent, de ses succès, son mari l'accompagnait partout. Puis de grands nuages traversèrent ce bonheur, et, après des déchirements cruels, le ménage se sépara.

Le Marquis de Caux en conserva longtemps une grande tristesse. Il vivait retiré, ayant su mettre assez de tact dans une situation délicate pour conserver la sympathie de ses amis.

Carpeaux, le grand statuaire, mort trop tôt pour la gloire artistique de la France, se trouvait parmi les invités de Compiègne au moment de la fête de l'Impératrice en 1864. Très grand admirateur de la beauté de Sa Majesté, il désirait ardemment obtenir la faveur de faire son buste. Mais plusieurs sculpteurs ayant échoué, l'Impératrice ne se souciait pas, malgré le talent de Carpeaux, de tenter de nouveau l'entreprise. En effet, à l'exception d'un joli buste fait par M. de Nieuwerkerke avant le mariage de l'Impératrice et qui était une œuvre jeune et charmante, tous les autres étaient absolument manqués. Ce buste avait été fait à l'insu du Prince-Président, qui n'était encore que le fiancé de la Comtesse de Téba. Le Comte de Niewerkerke le pria un jour d'honorer son atelier d'une visite pour y voir des œuvres nouvelles. Après avoir présenté différents groupes à l'attention de Louis-Napoléon, M. de Niewerkerke enleva un voile qui recouvrait le petit buste. Le Prince le reconnut aussitôt ; en amoureux fort épris, il couvrit de ses baisers la froide et charmante image de la future Impératrice.

Quoi qu'il en soit, Carpeaux, tout pénétré de son projet, passait ses soirées à crayonner, dans le fond de son chapeau, de petits croquis où il fixait tous les gestes, toutes les attitudes de l'Impératrice. Dans l'espoir de vaincre les hésitations de Sa Majesté, il lui demanda de faire mon portrait. On me faisait alors l'honneur de trouver une certaine analogie entre mes traits et ceux de l'Impératrice. Le secret espoir de Carpeaux était de faire de moi un buste dont la réussite aurait décidé Sa Majesté. Pour satisfaire le grand artiste, l'Impératrice m'ordonna de poser. Mais la perspective p'être immobilisée pendant de longues heures m'accablait d'ennui. Je persuadai à Carpeaux qu'un travail suivi serait bien difficile pendant les fêtes de Compiègne et je le priai de remettre l'exécution de son projet à l'hiver suivant. Carpeaux y consentit, mais il insista pour faire de suite un médaillon. La terre glaise fut disposée dans le fond d'une assiette d'argent aux armes impériales, et, installée devant une fenêtre de la galerie des fêtes, je passai dans l'immobilité toute une journée qui me parut interminable, tandis que Carpeaux, absorbé, laissait passer inconsciemment les heures, travaillant avec une fougue et une ardeur infatigable.

A la fin du jour, il me présenta un petit médaillon qui me sembla une merveille, en me priant d'aller aussitôt le soumettre à l'Impératrice pour avoir son avis. Sa Majesté avait le sens artistique très juste et très fin. Elle examina attentivement le médaillon :

— C'est charmant, me dit-elle, mais il y a là dans la ligne du menton un trait beaucoup trop accentué qu'il faudrait fondre et adoucir.

Et elle effleurait du bout de son doigt les contours du médaillon.

En parlant, involontairement le doigt s'imprima dans la terre humide, laissant une trace légère; Sa Majesté voulut égaliser la terre. Le désastre s'accentua.

Désolée de cet accident, de la contrariété qu'il causerait à un homme de talent, l'Impératrice me remit le médaillon

— Emportez cela bien vite, et surtout que Carpeaux ne se doute jamais que c'est moi qui ai gâté son travail en le critiquant.

Fort embarrassée de l'explication qu'il me fallait trouver, je m'excusai sur une chute que je venais de faire dans un escalier. Carpeaux était excellent; la chose s'arrangea ainsi sans lui causer la vive contrariété qu'il aurait éprouvée si j'avais confessé le fait tel qu'il s'était passé. Le soir même, pour la fête de l'Impératrice, tous les hommes avaient paré de fleurs le revers de leur habit. Carpeaux s'avisa que sa boutonnière seule n'était pas ornée, et, s'approchant d'une grande corbeille de violettes de Parme, il en prit qu'il mit aussitôt; puis il vint m'inviter à danser.

Le caractère du talent de Carpeaux était la grâce la plus pure, la plus élégante. Jamais contraste ne fut plus complet que celui de sa personne avec ses œuvres. Petit, trapu, les traits épais et tourmentés, les gestes brusques, le grand artiste, dont les commencements furent rudes, avait, avec une âme exquise, une apparence lourde et vulgaire.

En mettant ces violettes à son habit, il ne tint pas compte que les longs brins de jonc dont les fleuristes se servent pour monter les fleurs y étaient restés attachés, s'étalant avec une rusticité vraiment comique. Gaie comme je l'étais alors, la vue de ce malencontreux bouquet me causa tout le temps que dura la danse un accès de fou rire, impossible à réprimer.

L'Impératrice m'avait observée : m'appelant d'un signe, Sa Majesté me demanda l'explication de cette gaieté intempestive qui lui avait paru déplacée. Je m'excusai de mon mieux en désignant le déplorable bouquet. Sa Majesté sourit à son tour; puis, sans affectation, s'approchant des fleurs, elle en disposa une petite touffe soigneusement liée et vint auprès de Carpeaux, avec qui elle se mit à causer.

— Je vois, lui dit l'Impératrice, que vous aimez mes fleurs favorites, et, lui présentant celles qu'elle tenait à la main : Voulez-vous que nous changions de bouquet?

Carpeaux, vivement touché de cette marque d'attention, se para avec émotion du bouquet impérial, sans se douter que l'Impératrice voulait lui épargner une de ces petites mortifications pour lesquelles le monde se montre impitoyablement railleur.

C'est l'année suivante que Carpeaux fit une charmante statue où le Prince Impérial était représenté, appuyé sur *Negro*, le grand chien familier de l'Empereur, un braque marron, présent du baron Zorn de Bulach.

Cette statue de marbre, d'une composition pleine de grâce, d'ingénuité et d'élégance, peut rivaliser avec la statue de *Henri IV enfant*, de Bosio, et celle de *Louis XIII*, coulée en argent, que l'on admire chez la Duchesse de Luynes, au château de Dampierre.

Elle était placée aux Tuileries dans la galerie de Diane.

Elle fut sauvée de l'incendie du palais et rendue à l'Impératrice après la guerre. Elle orne aujourd'hui un des salons de la résidence de Farnborough.

Lorsqu'on jette les yeux sur les anciennes listes d'invitations à Compiègne, on y compte des vides douloureux. La mort a fauché à grands coups parmi ces femmes parées alors de toutes les grâces de la jeunesse.

La Comtesse de Mercy-Argenteau, morte récemment à Saint-Pétersbourg, fut une des reines de la société impérialiste.

Recherchant peu les intimités féminines, elle n'appartenait à aucune coterie. Cependant, dès qu'elle parut dans les salons, elle y occupa la première place, par le fait d'une personnalité hors ligne. D'autres, peut-être, furent réputées plus belles. Nulle ne surpassa la grâce accomplie qui rayonnait de tout son être. La Comtesse de Mercy-Argenteau possédait je ne sais quel charme qui faisait que l'on admirait tout en elle. En entrant dans un salon, elle captivait tous les regards ; on était conquis par un seul sourire. La Comtesse de Mercy-Argenteau, grande dame jusqu'au bout des doigts, avec sa tournure d'archiduchesse, était aussi une muse. Elle jouait du piano comme

Liszt ou Chopin : tout en elle révélait le goût artistique le plus pur.

Depuis l'arrangement de son hôtel de la rue de l'Élysée, qui n'offrait rien de pareil à ce que l'on voit ailleurs, jusqu'aux plus petits détails de son ajustement, tout semblait disposé comme par la main des fées. Rien de convenu et cependant dans cette originalité aucune faute de goût ne déparait un ensemble merveilleusement créé pour encadrer l'élégante personnalité de la belle comtesse.

Un des plus beaux portraits de Cabanel, singulièrement ressemblant, représente Mme de Mercy-Argenteau. C'est bien cette physionomie spirituelle et noble, ces yeux attirants, ces lèvres au sourire enchanteur. Dans la courbe du nez légèrement aquilin, dans l'ovale allongé du visage, dans le front droit, couronné de boucles dorées il y a une certaine ressemblance avec les plus beaux portraits de la reine Marie-Antoinette. La Comtesse est représentée debout, souriante et pensive, laissant errer sa belle main sur les touches d'un piano. L'artiste a saisi avec art la grâce inspirée qui donnait une irrésistible séduction à son beau modèle. Mme de Mercy-Argenteau est vêtue d'une robe de velours d'un rouge sombre qui fait ressortir l'éclat des bras et des épaules. C'est ainsi qu'elle m'apparut la première fois que je la vis, un soir aux Tuileries, me laissant une impression ineffaçable de charme, de beauté et de séduction.

Une fête donnée par le Baron Oppenheim dans l'été de 1869 au Vice-Roi d'Égypte, lorsqu'il vint en France pour demander à l'Impératrice de vouloir bien représenter la France à l'inauguration de l'isthme de Suez, fut la dernière dans laquelle on put admirer cette triomphante beauté. La Comtesse fut une des rares personnes admises auprès de l'Empereur pendant la captivité de Wilhelmshohe. Ce qui martyrisait l'Empereur pendant cette période douloureuse, c'était la détresse de l'armée prisonnière. En quittant Wilhelmshohe, la Comtesse de Mercy-Argenteau, entraînée par un généreux élan, vint spontanément à Versailles dans l'espoir d'obtenir du Roi de Prusse certains adoucissements pour nos soldats. On a dit que cette démarche avait été inspirée par Napoléon III. L'Empereur avait trop bien éprouvé que le vainqueur devait rester inexorable. Il n'aurait pas eu l'illusion de croire que l'intervention d'une personne belle et touchante pût avoir aucun effet, il n'aurait pas été au-devant d'un nouvel échec en priant Mme de Mercy-Argenteau d'aller intercéder inutilement auprès des chefs de l'armée allemande.

Après la guerre, la Comtesse ne se montra plus que rarement à Paris, s'occupant d'art et réunissant autour d'elle en Belgique, en Autriche, en Russie, où elle séjourna tour à tour, un cercle d'artistes distingués.

Plus tard, atteinte par des embarras de fortune, par des tristesses de famille, Mme de Mercy-Argenteau, frappée jusqu'à l'âme par le mal du désenchantement, rompit avec tout son passé. Elle alla s'établir à Saint-Pétersbourg, où elle vivait fort retirée dans un petit appartement plus que modeste. La chambre de cette femme, qui avait connu tous les raffinements du luxe et de l'élégance, meublée en pitch-pin et en cotonnade, avait l'aspect d'une cellule de recluse, tandis que son seul vêtement était une robe de laine noire, comme si elle tenait à s'ensevelir vivante dans le deuil des illusions détruites. Cependant les rares amis qu'elle admettait dans sa solitude retrouvaient toujours l'élégance, la grâce suprême d'une femme souverainement distinguée.

La Comtesse de Mercy-Argenteau, brusquement enlevée cet hiver par une congestion pulmonaire, ne revit pas sa fille, la Comtesse Rose d'Avaray : prévenue tardivement, celle-ci ne put arriver à Saint-Pétersbourg que pour assister à la cérémonie funèbre.

La Maréchale Canrobert est aussi du nombre des disparues. Sa mort vint, l'an passé, briser le cœur de l'illustre Maréchal, inconsolable de la perte de celle qui fut, pendant vingt-cinq ans, l'orgueil et la consolation de son foyer.

M{}^{lle} Flora Mac-Donald, d'origine écossaise, avec les aspirations enthousiastes de sa race, possédait les affinités du goût français : elle était la personnification vivante de ces poétiques héroïnes dont Walter Scott a tracé le caractère idéal dans ses immortels romans. Sincèrement éprise de la renommée du Maréchal, de son esprit infiniment charmant, le culte qu'elle voua à cette gloire rapprocha les âges. Elle devint à vingt ans l'heureuse épouse d'un homme de beaucoup plus âgé qu'elle.

La Maréchale Canrobert fut une des plus douées parmi cette réunion de femmes, remarquables par l'esprit et par la beauté, qui entourèrent l'Impératrice Eugénie. Des traits parfaits, une physionomie expressive et tendre, brune et svelte, avec une démarche vraiment royale, voilà ce que dans le monde on pouvait admirer. Ses amis appréciaient une âme plus belle encore. Soutenant tout autour d'elle, par une énergie peu commune, une dignité qui ne se démentit jamais, cette jeune femme, d'origine étrangère, dont le léger accent était une grâce de plus sur ses lèvres, écrivait notre langue avec une pureté, une perfection que bien des hommes auraient pu lui envier. En 1870, au moment de la guerre, la Maréchale Canrobert prit une part active à l'organisation des ambulances destinées à être envoyées sur les champs de bataille.

Au 4 septembre, elle resta aux Tuileries jusqu'après le départ de l'Impératrice, prête à partager sa fortune et ses dangers. Quelques jours plus tard, voulant rejoindre le Maréchal à Metz, la Maréchale y pénétra le jour même de la capitulation.

Après la guerre, le Maréchal Canrobert s'étant retiré dans une retraite pleine de dignité, la Maréchale, dont la situation se trouvait limitée à de modestes ressources, sut faire régner chez elle ce décorum élégant qui est la dignité des grandes situations amoindries. Elle entourait son « cher Maréchal », comme elle le disait avec son aimable accent, de la plus touchante sollicitude. En mourant, elle lui légua une fille charmante.

Mlle Claire Canrobert, aujourd'hui Baronne de Navacelles, qui est le portrait vivant du Maréchal, a hérité du don de séduction de sa mère, de sa taille, de sa démarche de reine.

Il y a quelques mois, le jour de son mariage, au milieu des ovations qui saluèrent le glorieux Maréchal accompagnant sa fille à l'autel, la jeune femme dut sentir planer autour d'elle les sympathies émues restées fidèles au souvenir de la Maréchale. Les mères ne sont jamais tout à fait absentes.

La Maréchale Pélissier, Duchesse de Malakoff, fut la seule femme espagnole, parmi les amies de jeunesse de l'Impératrice, qu'une union illustre rattacha à la France.

En 1858, lors de la visite de la Reine Victoria à l'Empereur, le Maréchal Pélissier était ambassadeur à Londres. Il accompagna la Reine et le prince Albert à Cherbourg, et ce fut dans les fêtes données à bord de l'escadre en l'honneur des souverains anglais, qu'il vit pour la première fois celle qui allait devenir la compagne de sa vie.

Mlle de la Paniega avait accompagné la Comtesse de Montijo dans un de ses voyages à Paris. L'Impératrice l'emmena à Cherbourg pour assister aux fêtes qui se préparaient. La grande beauté de Mlle de la Paniega, l'exquise bonté qui se reflétait sur sa physionomie angélique, lui attirèrent de nombreux hommages ; plus d'un prétendant brigua la faveur d'obtenir sa main.

La première fois que le Maréchal Pélissier la vit, il s'approcha de l'Impératrice et lui déclara sur l'heure qu'il serait bien heureux s'il pouvait espérer d'être agréé comme époux. Ayant beaucoup vécu en Afrique, il n'avait jamais eu le temps de songer à se marier. Le Maréchal avait la réputation d'être un rude soldat. Cependant on découvrait en lui une délicatesse de pensées, une sensibilité, une finesse d'esprit presque féminines.

On cite de lui mille traits touchants. On cite même des poésies qui auraient été fort appréciées si elles avaient été signées d'un moins illustre nom.

L'Impératrice honorait d'une ancienne amitié Mlle de la Paniega. La pensée de rapprocher d'elle, par une alliance flatteuse, une personne qui lui était chère et dont elle connaissait les rares qualités, plut à Sa Majesté, et elle promit au Maréchal de seconder ses projets.

Mlle de la Paniega était d'une taille élevée et noble; elle offrait le type accompli de la beauté andalouse. Consultée par l'Impératrice, elle laissa entendre que la demande du Maréchal pourrait être agréée. L'Impératrice l'en informa aussitôt, l'engageant à formuler lui-même ses espérances. On put voir alors, plus timide qu'un adolescent, trembler devant les beaux yeux d'une jeune fille cet homme habitué au commandement et qui avait donné dans le cours de sa longue carrière des preuves de rare énergie. Peu après, le mariage eut lieu, et le Maréchal, nommé gouverneur de l'Algérie, partit avec sa jeune femme. Elle ne tarda pas à montrer cette noblesse de cœur, cet esprit de dévouement qui faisaient de la Duchesse de Malakoff la meilleurc des femmes et des mères. Bientôt la naissance d'une fille vint compléter leur bonheur intime. Le Maréchal fut complètement subjugué par cette enfant qui réjouissait sa maturité. Elle n'avait encore que trois ans, et déjà l'on pouvait dire :

— Louise de Malakoff gouverne l'Algérie, puisqu'elle gouverne son père.

Après la mort du Maréchal, fière du nom qu'elle portait, sa veuve repoussa toute autre alliance. Belle et jeune encore, elle se dévoua aux soins de l'éducation de sa fille; elle venait souvent à Saint-Cloud, à Biarritz, à Compiègne, parmi les intimes de ces résidences impériales.

Le 4 septembre, la Duchesse de Malakoff était aux Tuileries au nombre des personnes qui entourèrent l'Impératrice jusqu'à l'heure suprême. Depuis, chaque année, soit en Angleterre, soit en Suisse, elle venait avec sa fille faire de longs séjours auprès des souverains exilés.

Son beau visage, où on lisait comme en un livre ouvert la douceur et le dévouement, s'est incliné sur tous les cercueils; son cœur fidèle a partagé toutes les douleurs.

A la nouvelle de la mort du Prince Impérial, elle accourut en Angleterre. Sa fille, Louise de Malakoff, avait pour le Prince, dont toute enfant elle avait partagé les jeux, un culte touchant. Au moment où le cercueil du Prince, ramené du Zululand, franchissait le seuil de Cambden, la pauvre enfant tomba inanimée, et l'on fut inquiet pendant quelque temps de l'ébranlement qui suivit cette explosion de douleur. Mlle de Malakoff épousa le comte Zamoïski, d'une grande famille autrichienne. Cette union ne fut point heureuse, et, à la suite du divorce prononcé en cour de Rome, la jeune femme reprit son grand nom et sa liberté.

La Maréchale Pélissier avait été frappée, il y a quelques années, par un événement funeste. Sur ses instances, sa mère, la Marquise de la Paniega, s'était décidée à quitter l'Espagne pour venir se fixer à Paris. Le train dans lequel elle se trouvait fut incendié à la suite d'une collision. Un grand nombre de voyageurs périt. La Maréchale venait au-devant de sa mère : elle eut la douleur de la retrouver parmi les victimes. Son corps carbonisé ne fut reconnu qu'à ses bijoux, à sa montre épargnée par le feu.

Généreuse et sensible, la Maréchale a honoré les hautes situations qu'elle occupa en faisant tout le bien qu'elle put faire.

La Comtesse Fleury a laissé, elle aussi, un grand vide dans la société parisienne.

En 1855, le colonel Fleury, qui commandait alors le brillant régiment des guides, épousait Mlle Calley Saint-Pol. En devenant la femme d'un homme aussi séduisant, destiné à jouer un rôle important dans les différentes fonctions auxquelles devaient l'appeler la confiance et l'amitié du Souverain, Mme Fleury eut le don d'allier les devoirs de la vie intime aux obligations mondaines, elle sut, par les plus aimables qualités, retenir à son foyer un des hommes les plus charmants de son temps. Devenu grand écuyer de l'Empereur, le Général Fleury habitait au Louvre le pavillon Caulaincourt. Chaque jour, avec sa femme et ses enfants, il allait dîner chez sa belle-mère, Mme Calley Saint-Pol. Si quelque obligation officielle, quelque réception venait interrompre cette coutume familiale, toujours on allait, avant de se rendre ailleurs, passer une demi-heure avec les enfants chez l'aïeule. Les enfants! Trois fils qui sont aujourd'hui des hommes, occupèrent dans la vie de cette femme distinguée la place la plus tendre. Les deux aînés, Maurice et Adrien, étaient à peu près du même âge que le Prince Impérial. Ils étaient parmi ses compagnons préférés et les jours de congé ils venaient habituellement jouer aux Tuileries. A travers l'ingénuité de leur âge, tout enfants encore, on reconnaissait ces charmantes façons qui sont bien l'œuvre maternelle.

Par la haute situation qu'elle occupait à la cour, par son élégance et le charme de sa personne, Mme Fleury a été mêlée au mouvement mondain pendant toute la durée de l'Empire. Grande, distinguée, elle avait des traits fins, un bel ovale allongé, beaucoup de douceur dans la physionomie. Peu de temps avant d'être envoyé comme ambassadeur à Saint-Pétersbourg, le Général Fleury fut créé Comte par l'Empereur.

— Une femme comme il faut est toujours comtesse, me disait le Général qui connaissait bien l'esprit de son pays et le prestige qui s'attache chez nous aux distinctions honorifiques.

La Comtesse Fleury fut une des dernières ambassadrices du règne de Napoléon III. Elle soutint dignement à Saint-Pétersbourg le renom de la grâce et de l'élégance françaises. Le luxe de ses réceptions a laissé dans la société russe des souvenirs qui n'ont point été effacés.

Au moment de la déclaration de guerre, le Général Fleury songea à revenir en France pour faire la campagne aux côtés de l'Empereur. Ce fut sur la prière expresse du Czar, qui l'avait en haute estime, qu'il se décida à rester en Russie. On sait que c'est grâce à l'entremise du Général Fleury, qui cependant avait dès le 4 septembre résilié ses fonctions d'ambassadeur, que le Czar Alexandre intervint pour obtenir de la Prusse l'entrevue de Ferrières.

Le 12 septembre 1870, la Comtesse Fleury, à Tsarkoé-Sélo, prenait congé de l'Impératrice de Russie, qui lui parla avec une vive émotion d'une lettre admirable, lui dit la Czarine, que l'Impératrice Eugénie venait d'adresser au Czar et dans laquelle la Souveraine exilée implorait dans les termes les plus nobles et les plus touchants l'intervention de l'Empereur de Russie en faveur de la France accablée.

Après les drames de la guerre et de la Commune, la Comtesse Fleury reprit avec un train très diminué sa place dans la société de Paris. Cependant, toujours très entourée, très accueillante, sa maison fut, jusqu'à la mort du Prince Impérial, le centre de toutes les fidélités.

Le Général Fleury fut désespéré du départ du Prince Impérial pour le Zululand. En l'apprenant du Prince lui-même, qui lui écrivit pour lui annoncer cette résolution, il partit pour l'Angleterre et mit tout en œuvre afin de le détourner de ce fatal dessein. La mort du Prince lui porta un coup dont rien ne put le consoler. C'était le passé, l'avenir qui s'écroulaient. Tout était fini pour lui. La Comtesse Fleury, veuve, se renferma dans les plus poignants regrets. C'est une de ces figures sereines qui laissent le consolant souvenir d'une vie embellie par l'accomplissement de tous les devoirs.

Chaque année ramenait à Compiègne quelques-uns des officiers qui, après avoir appartenu à la maison militaire de l'Empereur, étaient rentrés dans leurs régiments pour poursuivre leur carrière. C'était un souvenir obligeant accordé à ceux qui avaient été appelés à vivre pendant un certain temps dans l'intimité des Souverains et dont on ne se séparait pas sans regret.

Un certain nombre d'officiers particulièrement distingués par leurs services et leur personne passaient ainsi deux ans dans la maison de l'Empereur comme officiers d'ordonnance. Ce poste était recherché comme une très grande faveur.

En parcourant l'Annuaire, on voit que la maison militaire de l'Empereur est devenue la pépinière de nos généraux. Le Général Schmitz, le Général de Galliffet, entre autres, étaient parmi les plus favorisés. Ils continuèrent leurs fonctions d'officiers d'ordonnance au delà de la limite habituelle. Le Général Schmitz, étant officier d'état-major pendant la guerre de Crimée, fut cité à l'ordre du jour de l'armée pour un fait qui rappelle la crânerie des gentilshommes français se jetant à la nage avec leurs chevaux pour traverser le Rhin sous les yeux de Louis XIV. Il s'agissait de porter un ordre urgent dans les tranchées de Sébastopol. On ne pouvait le faire sans passer sous le feu croisé des batteries ennemies. Trois officiers avaient essayé de franchir cette zone de mitraille. Tous trois étaient tombés mortellement frappés. Le capitaine Schmitz s'offrit à tenter de nouveau l'entreprise, et, bien que ses chefs lui fissent observer qu'il allait au-devant d'une mort inutile, il partit suivi d'un seul porte-fanion. Arrivé à la limite où ses camarades étaient tombés, il mit pied à terre, confia son cheval à l'homme qui l'escortait, avec ordre de l'attendre; et allumant une cigarette, il s'achemina à pied vers le point de la tranchée où il fallait se rendre. Il y arriva sans accident; puis, sa mission terminée, on le vit reprendre avec le même calme le chemin meurtrier. Ayant rejoint son ordonnance, il remonta à cheval et rejoignit sain et sauf ceux qui suivaient, avec une anxiété facile à comprendre, toutes les péripéties de ce petit drame héroïque. On conçoit le chaleureux accueil qui l'attendait. Il avait remarqué que les trois officiers qui s'étaient aventurés avant lui avaient tous été frappés à la tête en arrivant au même point. Il en conclut qu'en descendant de cheval il se trouverait au-dessous de la ligne de tir et qu'il aurait de grandes chances de ne pas être atteint. Grâce à cette ingénieuse observation, il avait accompli sa mission avec un mâle sang-froid. En Italie, après s'être de nouveau distingué, il fut chargé par l'Empereur de rapporter à Paris les drapeaux pris à l'ennemi. C'est à la suite de ces incidents qu'il fut nommé officier d'ordonnance. Plus tard, au moment de l'expédition de Chine, le Général Schmitz, qui était resté très en faveur à la cour, partit en qualité de chef d'état-major général de l'armée. Par tous les courriers il écrivait à l'Impératrice, afin de la tenir au courant des incidents de cette campagne si vaillamment conduite. Ces lettres, remplies au jour le jour de détails précieux, retracent avec un puissant intérêt tout l'historique de cette belle campagne de Chine, où le Général de Montauban montra autant d'habileté politique et militaire que de bravoure. Elles sont au nombre des documents les plus intéressants que l'Impératrice conserve. Lorsque, après la campagne de Chine, le gouvernement demanda aux Chambres une dotation pour les services extraordinaires que le Général de Montauban avait rendus à la France dans l'extrême Orient et que cette motion fut repoussée, Leurs Majestés en furent vivement affectées. L'Empereur créa le Général Montauban Comte de Palikao. Il lui donna des gages personnels de sa munificence et Leurs Majestés eurent toujours pour lui la plus grande considération. Ce sont ces souvenirs de la campagne de Chine qui engagèrent l'Impératrice à appeler le Général de Palikao auprès d'elle en août 1870 lorsque, à la suite de la chute du ministère Ollivier, il fallut songer à constituer un nouveau ministère. Malgré les difficultés d'une pareille tâche au milieu de nos défaites, l'Impératrice savait qu'elle pouvait compter sur l'abnégation et le patriotisme du Général de Palikao, tandis que le Général Trochu, trouvant le gouvernement trop ébranlé, se dérobait et refusait le ministère de la Guerre, pour ne pas se compromettre, ainsi que lui-même l'avouait ingénument.

Lorsqu'il partit pour le Mexique, le Marquis de Galliffet était encore officier d'ordonnance de l'Empereur. On sait que, grièvement blessé devant Puebla, il fut laissé pour mort sur le champ de bataille; s'étant ranimé, il parvint à se traîner jusqu'à une ambulance, portant, comme il le

racontait lui-même dans un langage pittoresque,
« ses entrailles dans son képi ». Une telle blessure devait être mortelle sous un climat de feu.
Il fallait renouveler incessamment des applications de glace, et c'est grâce au dévoûment de
ses camarades qui, à tour de rôle, allaient pendant la nuit, dans les montagnes, au milieu
des guérillas, chercher la provision nécessaire,
qu'on parvint à le sauver. L'Empereur, l'Impératrice, très émus en apprenant quel danger courait
un jeune officier qui les quittait à peine, étaient
tenus au courant de son état par le télégraphe.
Un soir, pendant le dîner des Souverains, il arriva
une dépêche du Mexique. D'après les ordres
donnés, elle fut aussitôt remise à l'Empereur, qui
la lut. Elle apportait des nouvelles du Marquis
de Galliffet. On disait que la glace ayant failli
manquer, on avait eu lieu de craindre les plus
graves complications.

C'était au moment du dessert et l'Impératrice
s'apprêtait à manger un entremets glacé :

— Je ne saurais, dit-elle, manger de glace,
quand je songe qu'un si brave officier peut nous
être enlevé faute d'un si faible secours.

Tant que la vie du Marquis de Galliffet fut menacée, l'Impératrice s'abstint de prendre des glaces. Ce souvenir seul lui donnait une sorte d'angoisse qu'elle ne pouvait vaincre.

CHAPITRE V

Vénerie de l'Empereur. — Le maréchal Magnan Grand Veneur. — Mme Léopold Magnan. — Comtesse de Rancy. — Comte de Rancy. — Le Prince de la Moskowa. — Le pont de Sedan. — Marquis de Toulongeon. — Marquis de Latour-Maubourg. — Baron Lambert. — Baron de Lâge. — L'Empereur à la chasse à tir. — Le fusil de M. Béhic. — Le docteur Aubin des Fougerais. — La jambe cassée. — Le masque tragique. — Le bouton. — Uniforme de la vénerie. — Première chasse du Prince Impérial. — La curée aux flambeaux. — Viollet-le-Duc et la cassette impériale. — Les ruines de Coucy. — Pierrefonds historique. — Restauration de Pierrefonds. — Salle des chevaliers de la Table ronde. — La cheminée des preuses. — Valentine de Milan. — Statues de l'Impératrice et de huit dames de sa cour. — Viollet-le-Duc courtisan. — Après la guerre. — Le thé de cinq heures. — Cabinet de l'Impératrice. — M. Pasteur et les grenouilles. — Le Prince Impérial et le Prince Napoléon.

A l'origine de l'Empire, le Maréchal Magnan fut nommé Grand Veneur. C'était une des grandes charges de la couronne à laquelle, outre de nombreuses prérogatives, était attaché un traitement de 100 000 francs. Le Maréchal avait été l'un des plus beaux hommes de l'armée. Il avait encore, lorsque je le vis en 1864, l'année même de sa mort, une prestance de preux, montant à cheval comme un jeune homme, très aimable, généreux et dépensant largement ses gros traitements.

Les quatre filles du Maréchal Magnan, Mmes Cottreau, Haentjens, Barrachin et Legendre, étaient de l'intimité de la Cour, et douées chacune d'esprit et beauté. Son fils, le général Magnan, qui vient de prendre sa retraite et qui était à cette époque un jeune et élégant officier de cavalerie, avait épousé Mlle Haritoff, une jeune fille d'origine russe, une des beautés les plus accomplies que l'on ait vues. Son mari ayant été désigné pour faire la campagne du Mexique, elle se disposait à partir pour le rejoindre, lorsque son fils, un bel enfant de deux ou trois ans, fut atteint du croup et mourut, la veille même de son départ. C'est dans ces circonstances douloureuses, la tombe ne s'étant pas encore refermée sur le cher petit être, que Mme Léopold Magnan, le cœur déchiré, s'embarqua et accomplit ce long voyage. Plusieurs jeunes femmes suivirent son exemple pour rejoindre leur mari au Mexique : entre autres, la Comtesse de Rancy, veuve aujourd'hui et qui n'avait alors que vingt ans. Très énergique sous une apparence frêle et mignonne, elle partit seule, la femme de chambre qui devait l'accompagner ayant refusé de la suivre au dernier moment. En arrivant à la Vera-Cruz, elle apprend que son mari est en détachement dans l'intérieur. Faiblement escortée, elle le rejoint à grand'peine, à travers un pays sillonné de bandes de guérillas. Elle vécut dix-huit mois d'une vie de campement, de fatigues et de sacrifices. M. de Rancy, brillant officier des guides, était lui-même le plus aimable des hommes. Ces jeunes femmes apportaient la grâce, l'élégance parisienne au milieu des hasards de cet exil volontaire. Elles réussirent, à force de dévouement, à semer autour d'elles le charme et l'illusion de la patrie absente.

En 1864, à la mort du Maréchal Magnan, le Prince de la Moskowa, premier veneur, lui succéda. Edgar Ney, le plus jeune des fils de l'illustre Maréchal, devenu, à la mort de son frère aîné, Prince de la Moskowa, fut un des hommes les plus en vue de la période impériale. Avec de beaux traits réguliers, la physionomie fine, une tournure remarquablement élégante, le Prince de la Moskowa était un charmant cavalier. Très homme du monde, il avait aussi une âme d'artiste, des sentiments chevaleresques, un cœur délicat. Il aima passionnément et pendant de longues années la Comtesse de la Bédoyère, bien digne par la beauté, par le talent, par le charme de l'esprit, de fixer un homme tel que celui-là. Après son veuvage, la Comtesse de la Bédoyère devint Princesse de la Moskowa. Jusqu'à la fin de sa vie, le Prince l'entoura de la plus fidèle tendresse, et, malgré les épreuves du temps, de la maladie, ne cessa jamais de voir en elle une compagne accomplie. Le Prince de la Moskowa avait fait les campagnes de Crimée et d'Italie. Aide de camp de l'Empereur, il était à ses côtés pendant la journée de Sedan, au moment où la déroute, entraînant Napoléon III, le forçait à rentrer dans la place; au moment où l'on traversait un pont déjà encombré de troupes, un obus éclata au milieu de l'état-major de l'Empereur. La confusion était à son comble et pendant quelques moments on put croire que tout était anéanti. Le Prince de la Moskowa, qui me racontait ce fait, eut son cheval tué sous lui. Lorsqu'il se releva, un nuage de fumée enveloppait la place où se tenait l'Empereur. Lorsque le nuage fut dissipé, l'Empereur apparut impassible, tel qu'on l'avait vu pendant toute cette matinée sur le champ de bataille, les traits pâlis par la souffrance, plus triste encore. Devant ce calme héroïque, les soldats qui entouraient le cortège impérial firent entendre des cris répétés de : « Vive l'Empereur ! » D'un geste de la main, Napoléon III les remercia et continua silencieusement sa route, comme étranger au danger auquel il venait d'échapper.

Edgar Ney était du nombre des jeunes officiers qui, dès l'origine, se dévouèrent à la fortune de l'Empereur, auquel il avait voué un culte fanatique, qu'il conserva jusqu'à la fin de sa vie.

Le Marquis de Toulongeon, commandant des chasses à tir, fut nommé Grand Veneur à la place du Maréchal Magnan. Colonel de cavalerie, il était également aide de camp de l'Empereur, attaché à la maison militaire depuis la guerre d'Italie. Le Marquis de Latour-Maubourg et le Baron Lambert étaient lieutenants de vénerie ; le Baron de Lâge, lieutenant des chasses à tir, car, outre les chasses à courre, les tirés de l'Empereur à Compiègne, Fontainebleau, Rambouillet et dans les autres domaines de l'État étaient des chasses renommées. L'Empereur, aimant tous les sports, tirait à merveille et pendant de longues journées il marchait infatigable, abattant par centaines les faisans qui s'enlevaient sous son fusil comme de belles fusées empanachées. C'était une faveur très appréciée d'être admis à la chasse impériale et, outre le rang, il fallait être un tireur émérite : généralement, l'Empereur désignait onze personnes pour l'accompagner. Parmi les ministres, M. Béhic était un passionné chasseur. Il avait un fusil redoutable, non seulement au gibier, mais à lui-même ; car les jours de chasse il revenait généralement la joue meurtrie et fortement endommagée, après avoir tiré avec acharnement. Les hommes de la garnison la plus proche du lieu où l'on chassait remplissaient le rôle de rabatteurs. Ils recevaient chacun une gratification généreuse et deux lapins. Les soirs de chasse impériale on faisait bombance dans les casernes. Il y avait toujours au tableau mille ou douze cents pièces, des faisans en grand nombre, lièvres, chevreuils, lapins. L'Empereur faisait distribuer libéralement le gibier à ses hôtes, aux autorités, à quelques personnages privilégiés, et la plus grande partie était envoyée aux hôpitaux. Pour la chasse à tir, l'Empereur portait des knikerbookers en drap, avec le veston pareil et le petit chapeau. C'était la seule circonstance dans laquelle Sa Majesté consentait à se dispenser de la redingote classique et boutonnée, son vêtement de prédilection et du chapeau haut de forme.

Le vieux docteur Aubin des Fougerais était médecin de la Vénerie. Bien que d'un âge avancé, il suivait toutes les chasses. C'est à lui qu'arriva un accident souvent raconté, et qui a donné lieu à plusieurs versions plus ou moins inexactes. Voici les faits tels qu'ils se sont passés.

A un rendez-vous de chasse au puits du Roi, une foule nombreuse entourait curieusement l'équipage. On n'attendait plus que l'arrivée de Leurs Majestés pour donner le signal du laisser-courre.

Les grelots de la poste impériale se font entendre ; les chars à bancs remplis de monde arrivent au grand trot; la foule se serre pour voir de plus près les souverains et leur cour.

Parmi les personnes à cheval se trouvait la femme d'un officier de la garnison qui ne craignait pas d'afficher des allures assez tapageuses, ne manquant pas une chasse et affectant de se mettre en évidence. Elle montait mal, et avait affaire à une petite bête rétive qui n'avait pas l'habitude de la jupe, qui ruait par petits sauts, et se défendait sous une main inexpérimentée, incapable de la contenir. La dame dont les grâces n'avaient rien d'inquiétant, avait tout le manège d'une personne décidée à se faire remarquer. Elle pénétra dans le cercle assez compact formé autour des voitures de l'Empereur. La petite jument, se défendant toujours, détachait de côté des coups de pied. Déjà plusieurs personnes avaient failli être atteintes. Du haut de son char à bancs, l'Impératrice comprit le danger et, appelant le Baron de Pierres, elle lui désigna la malencontreuse écuyère, en lui disant :

— Tâchez donc que cette dame tienne son cheval, ou bien qu'elle sorte du cercle. Au milieu de tout ce monde, il va y avoir un accident.

M. de Pierres, courtois et bienveillant, se disposait à remplir son message, lorsque la jument, ruant plus fort, d'un coup de sabot brisa la jambe du docteur Aubin, qui tomba évanoui. On s'empressa de le relever, non sans embarras, au milieu de tous ces chevaux excités.

L'Empereur et l'Impératrice quittèrent leur char à bancs pour s'approcher avec intérêt du blessé. On envoya chercher un brancard pour le transporter. Leurs Majestés rentrèrent à Compiègne et la chasse fut interrompue. Le pauvre docteur Aubin fut malade pendant plusieurs mois, ne se remit jamais complètement et mourut peu de temps après cet accident. Le docteur Aubin était un vieux serviteur, respectable et dévoué. En le voyant évanoui, l'Impératrice, extrêmement inquiète et impressionnée, se contenta de dire :

— Quand on ne sait pas monter à cheval, on ne suit pas de chasses.

La dame, au lieu de s'excuser, de témoigner des regrets et de montrer au moins un peu de bonne éducation, se retira furieuse et se plaignit hautement que l'Impératrice l'avait fort malmenée, ce qui était inexact, Sa Majesté ne lui ayant jamais fait l'honneur de lui adresser la parole. Le soir de cette journée troublée, M. Viollet-le-Duc, qui ne laissait échapper aucune occasion de témoigner son admiration à l'Impératrice, et de faire sa cour, lui présenta un petit croquis à l'aquarelle exécuté avec le talent que l'on sait. C'était le masque de la Tragédie antique. Quelques traits adroitement accentués lui donnaient une étrange ressemblance avec le visage de l'Impératrice. C'était, sous les bandelettes tragiques, sa physionomie impressionnable et mobile.

— Voilà ce que nous avons pu voir aujourd'hui au moment de l'accident du pauvre docteur Aubin, dit à Sa Majesté M. Viollet-le-Duc.

Plus tard, après la guerre, en rangeant des papiers, l'Impératrice retrouva ce petit dessin et se disposait à le détruire, en faisant quelques réflexions mélancoliques sur son auteur qui fut du bien petit nombre de ceux qui, après la ruine de l'Empire, mirent de l'ostentation dans leur ingratitude. Je demandai grâce pour l'œuvre. Elle me rappelait des temps plus heureux, et je priai Sa Majesté de me permettre de garder ce petit portrait singulier et ressemblant que je conserve précieusement.

Le service de la vénerie de l'Empereur était, comme tous les autres services de la maison, admirablement organisé. On avait du reste conservé les traditions des anciennes chasses royales, et les maîtres d'équipages étaient ceux de la vénerie de Louis-Philippe et du prince de Condé. Quelques personnages favorisés, hommes ou femmes, recevaient le bouton. Les personnes attachées au service d'honneur des maisons de Leurs Majestés le recevaient de droit; c'est-à-dire que l'Empereur leur accordait une fois pour toutes le privilège de prendre part à toutes les chasses à courre et d'y porter l'uniforme distinctif de la vénerie impériale. C'étaient, pour les hommes, les culottes de peau blanche et les grandes bottes, l'habit du xviiie siècle semblable, pour la forme, à celui des anciens veneurs français. Il était en drap vert sombre, avec des galons mêlés d'or et d'argent, disposés en bordure et en brandebourg. Les parements et le col étaient de velours rouge, le couteau de chasse à ceinturon de cuir fauve; le chapeau lampion noir, galonné de même que l'habit avec bordure de plumes noires, complétait l'équipement. Les boutons portaient la couronne impériale. Pour les femmes, c'était la longue veste Louis XV et la jupe de drap vert également avec les brandebourgs, les parements de velours rouge et le lampion. L'Empereur et l'Impératrice portaient le même costume avec les plumes blanches au chapeau.

Au début, l'Empereur mettait les chevaux de ses écuries à la disposition des chasseurs. Mais on en reconnut les inconvénients. Quelques téméraires sans expérience, croyant qu'il n'y a qu'à payer d'audace pour galoper sur un bon cheval derrière des chiens, se faisaient emballer par des bêtes de sang ; il y eut des accidents, des chevaux fourbus. On y renonça et ceux qui désiraient suivre les chasses amenaient leurs chevaux.

C'est en 1865 que, pour la première fois, le Prince Impérial fut autorisé à suivre une chasse à courre. On lui avait fait faire l'uniforme de la vénerie : l'habit galonné, les grandes bottes et le lampion à plumes blanches. Le temps du déjeuner lui paraissait bien long et l'Empereur jouissait de l'impatience et de la joie de son fils, heureux de le voir franchir pas à pas les degrés qui, bien que dans un avenir encore éloigné, le rapprochaient de l'âge d'homme.

C'est toujours un spectacle pittoresque au milieu de la tranquillité des bois, que ces réunions préliminaires de la chasse : les cavaliers qui se croisent et se groupent, les chiens difficilement retenus par les valets aux longues guêtres blanches, les cris, les appels, tout ce tumulte, cette animation ont un agrément qui vous entraîne. Depuis fort longtemps, l'Impératrice avait renoncé à suivre les chasses à cheval. Mais Sa Majesté allait au rendez-vous, en char à bancs, suivait une partie de la chasse avec les personnes qui l'accompagnaient, et rentrait de bonne heure. D'autres voitures étaient mises à la disposition de tous ceux qui en exprimaient le désir. C'était surtout une promenade au milieu des superbes futaies de la forêt de Compiègne, car il est bien difficile de suivre la trace des chiens autrement qu'à cheval, et rarement les chars à bancs arrivaient à l'hallali.

Cependant, pour la première chasse du Prince,

l'Impératrice, préoccupée de la longue traite qu'il aurait à faire, avait tenu à assister à toute la chasse. Le cerf avait pris son parti du côté des étangs de Saint-Pierre.

Les chars à bancs arrivèrent sur la rive au moment où toute la chasse débouchait d'une autre laie comme un tourbillon. Le cerf était à l'eau. Fendant lentement les flots de son puissant poitrail, il tournait de côté et d'autre sa tête à la ramure superbe, comme pour regarder, de son grand œil si doux, de quel côté allait venir la mort.

Les chiens avaient pris l'eau à sa suite. Mais, ranimé par la fraîcheur, il continuait à se défendre, battant l'eau autour de lui et cherchant par de vigoureux efforts à regagner la rive. Enfin il prit pied, mais ce fut pour soutenir une lutte terrible. Les chiens de plus en plus acharnés l'accablaient sous leur nombre. Sa Majesté avait mis pied à terre et rejoint le Prince Impérial. Il était rouge, animé et avait bravement mené la chasse, sur son petit cheval *Bouton-d'Or*, qui s'excitait au milieu des grands chevaux. L'Impératrice donna un signal pour faire cesser l'agonie du cerf et le

Marquis de Latour-Maubourg, saisissant une carabine qu'un des piqueurs lui présentait, ajusta le pauvre cerf et l'abattit. Après qu'on lui eut fait les honneurs du pied, le Prince, qui ne sentait aucune fatigue, voulait faire la retraite à cheval. Mais l'Impératrice, trouvant que c'était une course suffisante pour son âge, l'ayant enveloppé dans un chaud manteau apporté à cette intention, fit monter le Prince à ses côtés dans son char à bancs et l'on rentra au palais. Le Prince avait bien le cœur un peu gros de voir l'équipage défiler sans lui. Mais il savait qu'il fallait obéir, et à cet âge les impressions sont mobiles. L'Impératrice réussit à le distraire en lui demandant des détails sur la poursuite, et, bientôt entraîné par le plaisir de faire le récit des incidents de la chasse, il retrouva toute sa gaieté.

Le soir, après le dîner, où étaient retenus les chasseurs ayant le bouton, qui avaient pris part à la chasse, on faisait la curée aux flambeaux. Dans la cour d'honneur, ouverte à tous les habitants de Compiègne, les valets de pied poudrés, avec le chapeau en bataille, les bas de soie rose, les longs habits galonnés de la livrée de gala, portant chacun à la main une torche enflammée, formaient un cercle de lumière autour de l'équipage rassemblé. Armés de leur trompe de chasse, les hommes de la vénerie sonnaient des fanfares, tandis qu'un piqueur agitait, en la tenant par les bois afin de lui donner les apparences de la vie, la tête du cerf, dont la dépouille recouvrait les membres dépecés. Trois fois les chiens étaient conduits jusqu'auprès de leur proie, trois fois ils devaient rétrograder à la voix des piqueurs qui mettaient ainsi leur docilité à l'épreuve. Lâchés enfin, en quelques secondes, ce monceau de débris sanglants disparaissait, traîné de tous côtés au milieu des cris, des rires de la foule qui s'éparpillait devant eux, craignant les éclaboussures ou quelques coups de dents. Les hôtes de Compiègne regardaient, par les fenêtres des galeries, ce spectacle auquel le nombre des serviteurs, la magnificence des livrées, la perfection avec laquelle s'accomplissaient les différentes phases de la curée, donnaient un attrait sur lequel on ne se blasait pas.

Un but d'excursion habituel était le château de Pierrefonds.

Dès le début de son règne, l'Empereur, épris de la beauté de nos monuments historiques, s'appliqua à leur restituer leur ancienne splendeur. Le Louvre, Notre-Dame, le Palais de Justice, la Tour Saint-Jacques, tous ces chefs-d'œuvre enfouis, perdus dans le dédale des ruelles malsaines, rongés par la lèpre des masures, admirablement restaurés, avaient recouvré leur magnificence et étaient devenus la parure de la ville nouvelle.

Des millions furent consacrés à ces immenses travaux; une armée d'ouvriers y fut employée; tous nos artistes furent appelés à prêter le concours de leur talent.

Parmi eux, Viollet-le-Duc se tailla un rôle superbe. Son mérite ne l'avait pas seul désigné à la bienveillance de l'Empereur. Voyageant en Espagne dans sa jeunesse, pour étudier les merveilleux spécimens de l'art maure, il avait eu l'occasion d'être présenté à la Comtesse de Montijo et avait alors connu la Duchesse d'Albe et l'Impératrice jeunes filles. Après le mariage de l'Empereur, il sut se prévaloir de ces anciennes relations et, d'un esprit délié, enthousiaste et séduisant, admis par la bienveillance de l'Impératrice à approcher l'Empereur, il devint un de ceux auxquels les faveurs impériales semblaient appartenir. L'Empereur le chargea de la restauration de Notre-Dame, et bientôt il devint le grand arbitre des monuments historiques. Il rêva alors de reconstituer une de ces merveilles féodales dont les restes grandioses étaient bien faits pour tenter la science archéologique, qui était la partie la plus saillante de son talent.

Il n'eut point de peine à convaincre l'Empereur de l'intérêt d'un tel projet. La question d'argent ne laissait pas que de créer certaines difficultés, car il fallait prévoir la nécessité de gros crédits. Mais l'initiative de l'Empereur ne devait pas faire défaut à une entreprise où la science et l'art étaient également intéressés. L'Empereur se prépara donc à ouvrir généreusement sa cassette. Pierrefonds, dont les ruines couronnaient noblement une des extrémités de la forêt de Compiègne, semblait, à cause de sa proximité d'une demeure impériale, désigné pour cette intéressante expérience de restauration. Cependant l'ambition de Viollet-le-Duc était tentée par une œuvre plus vaste. Dans le département de l'Aisne, non loin de la forêt de Saint-Gobain, les ruines du château de Coucy offrent le spécimen le plus rare, le plus grandiose, en même temps que le plus élégant de l'architecture féodale. Construit au xive siècle par un des membres de la dynastie des Enguerrand dont la puissance et les richesses tinrent en échec la puissance de nos rois, la tradition prétend que cette magnifique demeure fut élevée en quelques années seulement par le même architecte qui construisit en Angleterre le château de Windsor. En effet, on retrouve dans la disposition générale des plans, dans les proportions de l'immense donjon, bien des analogies avec la royale demeure des souverains anglais. En 1858, après la guerre d'Italie, la cour étant en déplacement à Compiègne, Leurs Majestés vinrent à Coucy en excursion. Le trajet s'effectua en poste. Sous la conduite de Viollet-le-Duc, Leurs Majestés visitèrent en détail les ruines. Séduit par la beauté du site, par la pensée de restituer à la France cette gigantesque merveille, l'Empereur songea sérieusement à entreprendre cette restauration. Viollet-le-Duc, enthousiasmé, se mit à l'œuvre, étudia la question. Il reconstitua dans leur intégrité tous les anciens plans, se livra à un travail de recherches digne d'un bénédictin. On peut en apprécier le mérite lorsqu'on compare l'état actuel des ruines avec le plan refait, qu'il présenta à l'Empereur, accompagné d'un devis de vingt millions.

C'était tellement exorbitant que l'on dut y renoncer. On revint à la pensée de reconstituer le château de Pierrefonds pour lequel les devis de l'architecte ne s'élevaient qu'à cinq millions, bien dépassés du reste grâce au généreux concours de l'Empereur. Le voisinage de la cour à Compiègne ajoutait à l'attrait de cette entreprise : l'Impératrice fit valoir que plus tard la « jeune cour » pourrait s'y établir, et que ce serait pour le Prince Impérial un apanage plein d'agrément.

On abandonna donc, non sans regret, le projet de restaurer le château de Coucy. On se borna à quelques travaux destinés à en consolider les restes et on commença les travaux de Pierrefonds.

L'état de ruine était si ancien, la dévastation si complète qu'il paraissait insensé de vouloir utiliser de tels vestiges, ébranlés de toutes parts et que l'on pouvait croire prêts à s'abîmer.

Mais la construction primitive avait ces qualités indestructibles dont les architectes du moyen âge connaissaient le secret et l'on put, s'aidant des anciennes fondations et de toutes les parties encore debout, reconstituer l'ancien château tel qu'il avait été construit à la fin du xive siècle par Philippe d'Orléans, de galante mémoire, le frère de Charles VI, le rival du duc de Bourgogne, qui le fit assassiner à Paris, en 1407.

Le château de Pierrefonds passait, à juste titre, pour une des merveilles du moyen âge. Il était à peine terminé lors de l'assassinat du duc d'Orléans.

« C'était, dit une vieille chronique, un château moult bel, puissamment édifié et moult défensable. »

Sept tours, hautes de 35 mètres, en défendent l'enceinte qui offre quatre faces, sans cependant présenter la figure d'un carré régulier. Afin d'assurer à l'édifice une solidité capable de soutenir des sièges, de défier tous les outrages, les pierres étaient liées entre elles par des crampons de fer scellés dans du plomb : c'est ce qui explique leur force de résistance. La surface de la forteresse occupe 3400 mètres.

Le château de Pierrefonds subit plusieurs sièges. Son histoire est liée à l'histoire des différentes factions qui désolèrent la France jusqu'au règne de Louis XIII. Henri IV voulut en expulser un certain Rieux, chef de bandes qui désolait le pays et commettait mille exactions. Le Duc d'Épernon presse le siège avec activité ; mais il est contraint de se retirer après avoir reçu une blessure qui met ses jours en danger.

Après lui, le Maréchal de Biron tente vainement de s'emparer de Pierrefonds. Aidé d'un gros train d'artillerie, il ne parvient qu'à « blanchir les murailles », suivant l'expression pittoresque du temps.

Enfin le Cardinal de Richelieu, ce grand niveleur, ne voulant pas laisser subsister une forteresse réputée inexpugnable, refuge toujours ouvert au brigandage et à la rébellion, ordonna la destruction de Pierrefonds, condamné par l'implacable ministre de Louis XIII, dont le génie ne reculait devant aucun sacrifice. Tout d'abord, on enleva les toitures ; mais la destruction était lente à s'accomplir, on fit jouer la mine pour pratiquer de fortes entailles dans les tours et dans le mur d'enceinte. Le temps fit le reste et pendant un siècle et demi ces ruines livrées à l'abandon, envahies par une végétation luxuriante, se mirant, du haut du coteau, dans le petit lac qui s'étend à leur pied, firent l'admiration des touristes qui visitaient la forêt de Compiègne. Aujourd'hui, entièrement reconstruit, le château de Pierrefonds a retrouvé son antique splendeur. On reconnaît dans les murailles la trace de la destruction ancienne et le ton blanc des constructions nouvelles tranche par larges places sur le ton plus gris des pierres de la construction primitive. Certains amateurs de pittoresque crièrent à la profanation lorsque les gigantesques échafaudages furent dressés autour du monument détruit. Pendant six ans, enveloppé d'une véritable forêt de mâts et de madriers, le château ressembla de loin à un gigantesque vaisseau prêt à être lancé sur l'Océan. Puis, vigoureusement conduits, alimentés généreusement par la cassette impériale à laquelle Viollet-le-Duc faisait de fréquents appels lorsque les moyens d'action faiblissaient, les travaux extérieurs touchèrent à leur terme ; pendant un séjour à Compiègne, dans une excursion adroitement proposée pour examiner les travaux, Leurs Majestés, aperçurent tout à coup, au détour de la route, à la place des ruines mornes et sombres, un palais de fée, blanche merveille, élevant dans les airs ses tours puissantes couronnées de toits élancés, de girouettes fantastiques, d'oriflammes, blasonnées ! Viollet-le-duc était brillamment sorti de cette immense entreprise et tout ce que la science architecturale, tout ce que l'art et le goût peuvent créer de plus complet, il l'avait réuni pour plaire à ses souverains. L'Empereur était prodigue d'encouragements et de récompenses : il ne marchanda ni son admiration, ni les gages plus réels de sa satisfaction. L'Impératrice, très enthousiaste de l'idée de restaurer Pierrefonds, s'était longuement intéressée aux plans, aux travaux. Elle s'associa avec joie au succès de cette œuvre d'un homme qu'elle considérait comme un ancien ami.

Lorsque la construction du château fut terminée, il fallut songer à sa parure. Et bientôt la pierre blanche et froide de ces salles aux proportions élégantes se couvrit de peintures, d'ornements qui rappelaient avec la plus scrupuleuse fidélité la décoration primitive. On avait avec soin recueilli les moindres vestiges et, s'aidant des vieilles chroniques compulsées à grand'peine, on arriva à restituer au Pierrefonds moderne le caractère général du Pierrefonds du Duc Philippe d'Orléans : on sait que la féconde imagination de nos aïeux savait avec un goût incomparable imprimer à la pierre les grâces de la poésie naissante. Le *Roman de la Rose* fleurit les salles principales du château de Pierrefonds. Dans la salle des chevaliers, parmi les entrelacs fleuris se détachant sur la vaste cheminée, au-dessous du roi Artus portant un surcot d'azur chargé de trois couronnes, apparaissent vêtus de leurs cottes armoriées les chevaliers de la Table ronde : Lancelot du Lac au surcot d'argent à trois bandes d'or, celui qui fut élevé par les soins de la fée Viviane la Dame du Lac, le plus beau, le plus courtois des chevaliers. Épris de la belle Genèvre, la propre femme du roi Artus, il attire sur lui les maléfices de la fée Morgane qu'il a dédaignée. Puis Valentin le Gallois, Tristan de Léonais, Conradin d'Otrante, tous ayant sous le heaume la mystérieuse poésie de leurs vagues exploits amoureux et guerriers. Dans l'immense salle des armures on voit les neuf preuses Semiramis, Déïfemme, Lampedo, Thamyris, Tanqua, Déïphile, Hippolyte, Penthésilée et Ménélippe, dans leurs atours tissus d'or, le front ceint de couronnes héraldiques, appuyées sur leurs écussons armoriés et tenant en mains, dans des poses de saintes, une fleur symbolique de leurs chastes amours ou une arme emblème de leur courage. Plus poétique encore que ces fictions de nos pères, l'ombre mélancolique de Valentine de Milan plane sur cette belle demeure où elle s'enferma après l'assassinat du brillant Duc d'Orléans son époux. Jeune et belle, avec le prestige de sa grande naissance, de ses biens, elle s'ensevelit dans un veuvage inconsolé. Comme la pierre scelle un tombeau, elle scella sa vie brisée de cette devise si cruellement désenchantée : « Rien ne m'est plus, plus ne m'est rien. »

Dans une visite de l'Impératrice à Pierrefonds, afin d'arrêter la décoration de cette salle encore toute remplie de la fine poussière de la maçonnerie, Viollet-le-Duc pria Sa Majesté de vouloir bien l'autoriser à donner ses traits et ceux des dames qui l'accompagnaient aux statues des neuf preuses qui devaient occuper les niches vides du fronton de la monumentale cheminée. L'Impératrice y consentit et chacune de nous eut ainsi sa statue. C'était, avec Sa Majesté, la Princesse Anna Murat, la Duchesse de Malakoff, la Maréchale Canrobert, la Duchesse de Bassano, la Duchesse de Cadore, Mme de la Poëze, Mme de Pierres et moi-même. L'année suivante, en retournant à Pierrefonds, nous pûmes voir notre image installée dans des niches. On ne s'était guère préoccupé de la ressemblance. Cependant Tanqua, la statue du milieu, celle qui représente l'Impératrice, a certainement beaucoup des traits de Sa Majesté. On pourrait, hélas! tracer aux pieds de cette image la devise désolée de Valentine de Milan.

Quelques années après la guerre, étant allée avec des amis visiter Pierrefonds, ce petit épisode des statues nous fut conté, parmi toutes les histoires curieuses de la restauration, par la femme d'un gardien qui nous servait de guide. Elle ne me connaissait pas. Je lui demandai si ces statues étaient bien les portraits des dames dont elle nous citait les noms, avec l'accent d'une leçon bien apprise.

— Assurément, nous dit-elle, et l'on voit bien que vous n'êtes pas de la cour.

Je la priai de m'indiquer la statue représentant Mlle Bouvet.

— C'est Ménélippe, la petite du coin, me dit-elle. Et tout le monde la reconnaît bien. Celle-là n'a pas de couronne comme les autres, parce qu'elle n'était pas mariée.

Très satisfaite de ces explications, je remerciai la bonne femme, en lui disant que j'avais peine à croire que les dames dont elle nous citait les noms fussent aussi jolies que ces statues.

— Ah! Madame, me dit-elle. Il fallait les voir. Toutes jolies comme les têtes de cire du coiffeur de la grande place à Compiègne.

Après une comparaison aussi flatteuse, je craignis de m'attirer quelque déboire en insistant, et nous nous éloignâmes félicitant notre cicérone de son érudition, et l'engageant à continuer de renseigner le public d'une façon aussi intéressante.

Pour l'organisation des distractions variées de

Compiègne, les promenades, les comédies, les tableaux vivants, Viollet-le-Duc était d'une ressource incomparable. Manquait-il un accessoire, en quelques coups de pinceau il avait vite fait de brosser un décor. Ingénieux, habile en toute chose, il s'entendait merveilleusement à réparer un accident, à tourner un couplet, dirigeant la mise en scène, remplaçant au pied levé un acteur en défaut et remplissant avec une patience infatigable le rôle ingrat et difficile de souffleur, au milieu d'une troupe d'amateurs généralement inexpérimentés. Pendant les répétitions, on voyait la tête fine de Viollet-le-duc, couronnée de légers cheveux gris, sa physionomie toujours riante, surgir du trou du souffleur. Avec une extrême courtoisie, il reprenait les jolies interprètes, novices dans l'art scénique pour la plupart. Il avait le don merveilleux de l'imitation, et, depuis la voix argentine de l'ingénue jusqu'aux accents tragiques du traître, il imitait à merveille tous les gestes, toutes les intonations, ébauchant avec grâce une révérence de duchesse, ou bien portant le coup d'épée d'un spadassin. Plein d'entrain, de bonhomie, mettant tout le monde d'accord, il réussissait à faire régner l'harmonie au milieu des petites susceptibilités faciles à émouvoir. L'Impératrice comptait sur lui pour toutes les négociations délicates. Il avait, en un mot, très habilement enveloppé sous le voile d'une amitié ancienne la souplesse, l'adresse, tout l'agrément d'un parfait courtisan. Personne mieux que lui ne s'entendait à cacher la louange audacieuse sous la brusquerie d'un attachement sincère. Exaltant plus que personne la beauté, l'esprit, la grâce idéale, les grandes qualités de l'Impératrice Eugénie, il ajoutait toujours :

— Je suis de ceux qui ont le droit de parler ainsi. Mon témoignage n'est pas suspect : je suis un « ami de la veille ».

Bien souvent j'ai entendu ce propos revenir sur ses lèvres. Il montrait un dévouement tout particulier à la Comtesse de Montijo; et lorsque la mère de l'Impératrice venait en France, c'est généralement Viollet-le-Duc que Sa Majesté chargeait d'aller à Irun pour la recevoir à la frontière. N'ayant point un caractère officiel, très attentif, très soigneux, Viollet-le-Duc s'acquittait avec le plus grand zèle de cette mission de convenance.

Viollet-le-Duc était invité de fondation pendant tout le temps du séjour à Compiègne. Il était du très petit nombre de ceux que l'Impératrice interpellait sans faire précéder leur nom du vocable en usage. Lorsque Sa Majesté lui adressait la parole, elle ne lui disait pas comme à tout autre : « Monsieur, » mais : « Viollet-le-Duc », et souvent : « Mon bon Viollet. »

Aussi la désinvolture avec laquelle il se dégagea de tout lien de gratitude me causa-t-elle une étrange surprise.

Quelques mois après la guerre, j'étais à Reims en excursion pour visiter la cathédrale, lorsque M. Viollet-le-Duc entra dans la salle où nous déjeunions. Il se joignit à nous, et après avoir disserté sur les beautés de la cathédrale, comparées à celle de la cathédrale de Laon, que je trouvais plus intéressante encore, plus romantique, je demandai à M. Viollet-le-Duc s'il n'avait pas de commission pour l'Angleterre, où j'allais voir l'Impératrice. Il me répondit négativement.

— Peut-être, lui dis-je, comptez-vous y aller bientôt vous-même ?

— Et pourquoi irais-je en Angleterre ?

— Mais pour la même raison qui m'y appelle : pour voir Leurs Majestés.

— C'est bien différent, me dit-il. Moi, j'ai toujours été fort indépendant; et je n'ai pas les mêmes raisons d'attachement que vous pouvez avoir.

— Comment! lui dis-je, c'est vous qui parlez ainsi? Et Pierrefonds, Compiègne? Toutes ces relations si douces, si affectueuses? La générosité de l'Empereur, la confiance de l'Impératrice?

— J'ai travaillé pour l'art, non pour eux, reprit-il.

J'étais confondue.

— Au moins ne le dites pas, ajoutai-je, et surtout à ceux qui vous ont vu de près.

Je me levai et m'éloignai sans répondre à son salut, sans accepter la main qu'il me tendait. Il était tellement inconscient qu'il eut l'air surpris de cette brusque sortie. Du moins, si l'Empire a enrichi M. Viollet-le-Duc, il aura été l'instrument habile de quelques-unes des belles œuvres dues à l'initiative de l'Empereur.

Au retour de la promenade, chacun pouvait se retirer chez soi, à moins que l'on ne préférât la réunion dans le fumoir disposé avec de grands divans, des billards, des tables de jeux pour la causerie entre hommes.

Chaque jour un certain nombre de personnes désignées par l'Impératrice venaient à cinq heures prendre le thé dans son cabinet. C'était une vaste pièce placée entre la chambre à coucher de l'Impératrice et le cabinet de l'Empereur, avec lequel il communiquait directement.

La décoration en avait été dirigée par l'Impératrice elle-même avec le goût artistique que l'on reconnaissait dans toutes ses installations personnelles. De merveilleuses tapisseries s'encadraient dans les boiseries. C'étaient les scènes bibliques de la vie d'Esther avec les personnages vêtus à la manière orientale des princes des *Mille et une Nuits*. De grands bahuts en laque de Coromandel, des meubles d'une réelle élégance, ornaient l'intérieur de cette pièce. Tous les hôtes éminents qui ont traversé Compiègne, les souverains, les grands seigneurs étrangers, les hommes d'esprit et de talent se souviendront des rapides moments où, abdiquant en quelque sorte, la Souveraine, au milieu d'un cercle intime, dirigeait, avec un esprit charmant, le ton le plus affable, une causerie qui effleurait tous les sujets.

C'est là que M. Pasteur, un des plus spirituels parmi nos grands savants, nous captiva à un tel point en nous faisant le récit de ses beaux travaux sur la circulation du sang, que l'Impératrice enthousiasmée se piqua le bout du doigt avec une épingle afin de fournir la gouttelette de sang destinée à être examinée au microscope. Les expériences devant se renouveler, M. Pasteur déclara que le sang de grenouille serait très suffisant; l'Impératrice ordonna d'en faire rechercher dans la forêt et de les faire porter chez M. Pasteur : ce qui fut fait.

Après le départ de la série, la chambre qu'avait occupée l'illustre savant fut donnée à une jeune femme fort élégante. Sa femme de chambre, en procédant aux rangements des affaires, trouva dans le tiroir d'un meuble un grand sac tout humide. Elle l'enleva et se contenta de le jeter sous le lit.

Pendant la nuit, la jeune femme est éveillée par un bruit étrange, une sorte de crépitement qui lui fait craindre que le feu n'ait roulé sur le tapis. Elle allume un bougeoir, se lève. Ses pieds rencontrent un corps froid et visqueux. Elle se baisse pour apercevoir ce que cela peut être et se voit entourée d'une légion de grenouilles en marche. M. Pasteur avait laissé le sac dans la commode. Ce meuble n'avait pas été visité apparemment. La femme de chambre, en jetant le sac sous le lit, l'avait laissé entr'ouvert et les grenouilles attirées par la chaleur, s'étaient mises en mouvement. Tout cela s'expliqua plus tard.

Mais on devine l'impression désagréable de cette pauvre dame au milieu d'une armée de batraciens.

Elle sonna! La femme de chambre vint à son aide et les grenouilles jetées par la fenêtre purent regagner le frais asile de la forêt.

Presque toujours la conversation se prolongeait fort tard et sept heures sonnaient avant que l'Impératrice eût songé à congédier ses hôtes.

Il fallait au plus vite s'habiller pour le dîner. J'avais un assez long trajet à parcourir dans les corridors et les escaliers du palais pour rejoindre mon appartement et je devais, aussitôt prête, revenir dans les appartements intérieurs de Sa Majesté, que j'accompagnais toujours pour entrer dans les salons. L'Impératrice, assistée de plusieurs de ses femmes, était prête avec une promptitude désolante. Pour aller et revenir, j'avais près de dix minutes de trajet et je devais me trouver chez Sa Majesté avant qu'elle-même entrât chez l'Empereur pour passer à table. Je n'avais parfois que dix minutes pour faire une toilette du soir toujours assez compliquée. Fort heureusement, mon excellente femme de chambre était arrivée à la perfection de la célérité. J'avais surtout pour moi la jeunesse, le meilleur de ma parure.

L'Empereur, ayant l'Impératrice à son bras, entrait dans le salon des Souverains, sur lequel s'ouvrait son cabinet. C'est là que se réunissaient les princes et souverains lorsqu'il s'en trouvait à Compiègne. Le Prince Impérial, lorsqu'il eut neuf ans, accompagnait Leurs Majestés pour passer à table. Un jour le Prince Napoléon attendait seul dans ce salon des Souverains. Après quelques mots échangés avec lui, Leurs Majestés se dirigèrent à travers plusieurs autres salons vers la galerie où se tenaient leurs hôtes. Le Prince Napoléon, l'air ennuyé d'un homme qui fait une corvée, suivait, ayant à ses côtés le Prince Impérial. J'étais seule en arrière. A la première porte, le Prince Impérial s'arrêta poliment comme s'il ne voulait pas passer devant son cousin. Le Prince Napoléon le regarda du haut de son sourcil olympien, en lui disant assez durement :

— Passez.

A la porte suivante, le Prince Impérial, qui, bien que tout enfant, avait le pas sur tous après l'Empereur, mais auquel on avait recommandé d'observer beaucoup de déférence envers le Prince Napoléon, recommença avec beaucoup de gentillesse la même cérémonie.

— Passez donc, reprit le Prince Napoléon.

Enfin, à la porte de la galerie dans laquelle tout le monde se trouvait réuni, le Prince Impérial s'arrêta d'une manière plus marquée, pour céder le pas. Le Prince Napoléon, sans dissimuler son impatience, le poussa si rudement en avant que le pauvre enfant, perdant l'équilibre, fut projeté hors de la porte et se retint à grand'peine sur le parquet glissant.

Je n'oublierai jamais l'expression de dureté maussade que le visage du Prince Napoléon, qui avait cependant le don de séduction, paraît-il, prit en ce moment. Il y a parfois des gestes et des regards qui en disent plus que de longs discours. Le Prince Impérial, tout pâle, releva le front; il rejoignit l'Empereur, lui prit la main et marcha à ses côtés. Le Prince Napoléon, qui déjà avait de beaucoup dépassé la jeunesse, conservait des travers d'enfant gâté qui deviennent terribles chez les hommes. L'éducation première, qui nous apprend à réprimer les mouvements de notre humeur, à nous contraindre dans nos caprices et dans nos emportements, n'avait eu aucun effet sur lui. Avec un caractère impérieux, il s'abandonnait presque naïvement à toutes ses impressions, à toutes ses fantaisies. Le Prince n'était ni cruel, ni méchant au fond de son cœur. Il avait goûté aux fruits amers du scepticisme; de plus, sa confiance dans ses facultés supérieures, jointe à un égoïsme inconscient, le rendait capable de faire beaucoup de mal aux autres et à lui-même. Avec de grands défauts, le Prince Napoléon avait de grands mérites, a-t-on dit; mais les petites qualités, celles qui servent tous les jours, qui ajoutent à l'agrément de la vie et qui la plupart du temps permettent de juger les hommes, lui faisaient complètement défaut. En raison de leur élévation, de leur influence ce qui choque le plus chez les princes est l'absence de ces qualités. Le Prince Napoléon ne s'attacha jamais à les cultiver. Tout son entourage, sur lequel il exerçait un réel empire, en a souffert. Il eut le triste don de détacher de lui ceux qui l'aimaient le plus, tous ceux qui auraient pu le servir, ceux aussi qui étaient en droit d'attendre de lui déférence et dévouement.

CHAPITRE VI

La comédie à Compiègne. — *La Corde sensible*. — M. de Morny et Mérimée. — Les Highlanders. — M. Le Verrier. — Safvet Pacha. — Octave Feuillet. — Tableaux vivants. — Un quatrain. — *Les Cascades de Mouchy*. — Série du 21 novembre 1865. — La Princesse de Metternich. — Madeleine Brohan. — *Les Commentaires de César*. — La Cantinière. — Le Cocher de fiacre. — La Comtesse de Pourtalès. — La Marquise de Galliffet. — Le Baron Lambert. — Le Comte de Solms. — Mme Bartholoni. — La Baronne de Poilly. — Vicomte Aguado. — M. Davilliers. — M. Ashton Blount. — La Chanson. — L'Empereur dans les coulisses. — Marquis de Galliffet. — Général Mellinet. — Le Prince Impérial. — Final improvisé.

Amuser du matin au soir plus de cent personnes réunies lorsque le lien des intimités journalières n'existe pas entre elles, ainsi que cela se produisait dans les réunions de la cour où les différentes fractions de la société étaient représentées seulement par quelques-unes de leurs personnalités, est une tâche difficile, même pour des souverains. Aussi le petit théâtre de Compiègne organisé dans un des salons du rez-de-chaussée, qui faisait autrefois partie des appartements de Marie-Antoinette, était-il d'une grande ressource. Encouragée par quelques hommes d'esprit, par ceux que l'on nomme partout des boute-entrain, la jeunesse fusionnait. Volontiers on acceptait un rôle et dans l'animation des plans à faire, des costumes à combiner, des répétitions, la glace se rompait.

Ceux qui possédaient quelque avantage d'élégance d'esprit ou de beauté, n'étaient pas fâchés de les faire paraître dans un lieu où l'on tient à plaire. Au nombre de ces petites pièces improvisées où chacun mettait en commun son goût et ses talents, il y en eut souvent de fort bien faites. L'Empereur lui-même ne dédaignait pas d'y prêter son concours. Il indiquait l'idée générale, les plans que d'autres développaient. Parmi les sujets fournis par l'Empereur, un entre autres que M. de Morny et Mérimée se chargèrent d'interpréter eut un grand succès.

C'était la *Corde sensible*. Par de légères épigrammes il fallait dévoiler les manies, les petites faiblesses chères aux personnes présentes, à commencer par Leurs Majestés. Auteurs et acteurs tout à la fois, ils se tirèrent en gens d'esprit de ce jeu délicat.

M. de Morny commença par faire les honneurs de lui-même. Puis Lord Hertford fut mis en cause. En entendant prononcer son nom, le noble Lord fut saisi d'un certain émoi. Tout se borna à un simple calembour. Faisant allusion à sa charmante résidence du bois de Boulogne, M. Mérimée demandait à M. de Morny s'il était vrai que ce grand seigneur anglais si riche ne s'occupât que « de Bagatelle ».

L'Empereur fut raillé de son goût pour les antiquités romaines, qui, ainsi que dans la pièce de Labiche, lui faisait considérer comme des trésors tous les vieux débris déterrés.

C'était une allusion au camp romain situé aux environs de Compiègne où l'Empereur avait ordonné des fouilles et où chaque fois que Sa Majesté s'y rendait en excursion on faisait quelque rare trouvaille. L'Impératrice prétendait même que les objets découverts ainsi, étaient placés à dessein sous les pas de l'Empereur par les soins de personnes attentives à lui plaire, ce qui taquinait l'Empereur qui attachait beaucoup de prix à ces découvertes.

Ce fut ensuite le tour de l'Impératrice pour sa passion de changer les meubles de place et d'arranger les appartements de façon qu'on soit obligé de s'y mouvoir avec mille précautions « comme des navires au milieu des écueils », disaient les auteurs. La pièce vivement enlevée et jouée au naturel eut un grand succès de rire.

Cette même année, des officiers de Highlanders, lord d'Athole, lord Murray, lord Dunmore et lord Tullybardine, dont l'Impératrice avait visité les domaines pendant son voyage en Écosse à l'époque de la mort de la duchesse d'Albe, vinrent à Compiègne. Ils portaient le costume national, le *kilt*, et les jambes nues, ce qui est la coutume, chez eux à la campagne, mais ce qui ne laissait pas que de causer quelque surprise à des Français. Ils avaient amené des « pipers ». Au son de cette musique agreste ils exécutèrent devant l'Empereur et ses hôtes leur danse nationale. C'étaient ainsi, suivant le hasard de la réunion, des divertissements variés et imprévus. Une autre année, M. Le Verrier l'astronome apporta une lanterne chinoise à l'aide de laquelle il montra les phénomènes célestes, faisant défiler les images du soleil, de la lune, des planètes avec des explications fort surprenantes sur les merveilles astronomiques. Savfet Pacha, le nouvel Ambassadeur turc qui remplaçait Djemyl Pacha, un des hommes les plus aimables de la société parisienne, protesta et il déclara hautement qu'il ne croyait pas un mot de ce qu'on disait sur le soleil ! Bien que récemment nommé à Paris, le nouvel Ambassadeur parlait fort correctement notre langue. Étant assis à la droite de l'Impératrice pendant un dîner, il lui dit :

— Il y a une bien ridicule lettre sur l'Algérie dans le journal.

A ce moment les journaux commentaient une lettre de l'Empereur adressée au Maréchal de Mac-Mahon, gouverneur de l'Algérie.

L'Impératrice, craignant que l'Ambassadeur ne se fourvoie, l'arrêta en lui disant :

— Vous connaissez l'auteur de cette lettre ?

— Non ; mais je sais bien que c'est un imbécile.

L'Empereur, qui entendait la conversation, se

mit à rire, tandis que d'autres personnes écoutaient fort gênées.

— Mais cette lettre est de l'Empereur, insista l'Impératrice, pour couper court à de nouvelles réflexions.

— Pas du tout, reprend l'Ambassadeur, c'est d'un abbé qui veut convertir l'Islam.

En effet, en même temps que la lettre de l'Empereur, une lettre qui ne pouvait intéresser que des musulmans, et que personne n'avait remarquée donna lieu à ce quiproquo assez plaisant.

Mais le maître de tous par le talent, la distinction, l'esprit, par l'agrément des relations, par une causerie charmante, en même temps que par une attitude pleine de tact et de dignité, ce fut Octave Feuillet, dont la mort récente laisse un vide qu'on ne saurait combler.

En 1862, il succédait à Scribe, à l'Académie française.

Depuis longtemps il était au nombre des hommes de talent que l'Empereur se plaisait à attirer à la cour. L'Impératrice l'honorait d'une considération, d'une sympathie toute particulière. Sa Majesté lui demanda un jour de faire pour elle une petite pièce dans laquelle elle voulait s'essayer à jouer la comédie. C'était une tâche bien délicate que de satisfaire à cette fantaisie d'une jeune souveraine n'ayant aucune expérience de la scène et pour laquelle il fallait créer un rôle agréable et piquant dont le décorum ne devait pas être banni.

Feuillet s'en tira en écrivant un charmant pastiche : *les Portraits de la Marquise*. La pièce fut jouée à Compiègne devant un très petit cercle d'intimes. Les costumes étaient ravissants, la poudre seyait à la beauté fine et aristocratique de l'Impératrice. La mise en scène avait été admirablement réglée par l'auteur lui-même et la comédie fut déclarée un petit chef-d'œuvre par la principale interprète, tout en convenant de fort bonne grâce que le rôle principal dont elle s'était chargée n'avait pas été rendu avec le talent qu'il méritait : l'Impératrice avait une personnalité trop nettement définie pour se prêter aux souplesses de l'interprétation scénique.

Du reste, cette tentative fut la seule dans laquelle Sa Majesté s'essaya. Les autres interprètes des *Portraits de la Marquise*, représentée plus tard à la Comédie-Française, étaient le comte de Talleyrand, l'ancien ambassadeur, et le comte d'Andlau, alors capitaine d'état-major, dont le nom eut depuis un douloureux retentissement. Officier distingué par la naissance et le mérite, le capitaine d'Andlau avait été désigné à l'attention de l'Empereur par de brillants services militaires. Il présenta sa charmante jeune femme à la cour et la comtesse d'Andlau, une personne accomplie, ne tarda pas à être comptée au rang des plus aimables personnes de l'entourage impérial! M. d'Andlau était joueur. Plusieurs fois l'Empereur lui vint en aide en payant des dettes criardes. Cependant, à la suite d'une histoire extrêmement pénible, l'Empereur dut sévir. Le fait s'étant passé chez l'Empereur qui seul en avait eu connaissance, Sa Majesté, touchée de pitié et ne voulant pas perdre un homme jeune, d'une intelligence supérieure, ayant une famille et un nom honorables, se contenta de lui faire quitter la maison, après avoir obtenu toutes les promesses d'amendement. Promesses stériles, puisque rien ne devait arrêter ce malheureux officier sur la pente fatale.

Après les *Portraits de la Marquise*, Feuillet se prêta souvent à improviser d'autres pièces et charades de circonstance. C'est ainsi qu'il collabora tour à tour avec M. de Morny, M. de Persigny, la Princesse de Metternich, etc., etc.

En 1864, pour une charade, Feuillet avait imaginé de développer la pièce au milieu de tableaux vivants qui servaient de décor à la scène. Il me demanda d'y prendre part. Tout nouvellement arrivée à la cour et fort intimidée, j'hésitais beaucoup à me mêler aux groupes des jeunes filles qui figuraient dans un de ces tableaux.

Je craignais aussi de mécontenter l'Impératrice, à l'insu de qui tout se préparait et qui tenait à ce que je ne m'écarte pas des habitudes de réserve d'une jeune fille élevée en province. Mais M. Octave Feuillet était un charmeur : je savais que l'Impératrice avait confiance en son tact.

Cédant à ses sollicitations, je me décidai un peu au dernier moment. Pour jouer ces charades, on faisait venir certains costumes et accessoires du vestiaire de l'Opéra. N'ayant pas eu le temps de m'occuper des préparatifs d'une toilette, je me contentai d'une longue tunique de laine blanche.

Le diadème à chaînette d'or qui formait la coiffure de Mlle Devriès dans le rôle de Lalla-Rouk, me servit de ceinture et je m'enveloppai la tête d'un voile de tulle. Notre tableau représentant un groupe de jeunes Orientales eut un grand succès. La Maréchale Canrobert y parut et son admirable chevelure noire tombant jusqu'à ses pieds l'enveloppait tout entière. Pour me remercier d'avoir figuré ainsi, Octave Feuillet me donna, sur ma demande, son portrait au-dessous duquel il improvisa le quatrain suivant :

> Si dans l'ombre des bois vous passiez à minuit,
> Tous les oiseaux chanteurs qui sommeillent la nuit,
> Attendant le retour de l'aurore immortelle,
> S'éveilleraient joyeux en se disant : C'est elle.

Les clartés de l'aurore ayant fait place à un crépuscule très obscurci, si je cite aujourd'hui ce quatrain peu fin de siècle, c'est pour esquisser légèrement le ton de bienveillance et de bonne compagnie qui était en réalité celui du milieu où je vivais.

En 1866, après la mort de M. Champollion, Octave Feuillet avait été nommé bibliothécaire du palais de Fontainebleau, ce qui le rapprochait encore des souverains.

Il aimait ce palais grandiose, peuplé de souvenirs, si animé lorsque la cour l'habitait pendant les mois d'été, si solitaire en d'autres temps. C'est là dans l'immense bibliothèque où, suivant la tradition, la Reine de Suède fit assassiner Monaldeschi, son amant, que fut écrit en partie *Monsieur de Camors*, cette œuvre supérieure, destinée à occuper une des premières places dans la littérature contemporaine, où l'auteur retrace les nuances les plus subtiles du sentiment et où il atteint en même temps à l'expression la plus vibrante de la passion humaine.

On a prétendu que M. de Morny avait fourni le personnage de M. de Camors. M. de Morny venait de mourir. C'était une des personnalités les plus en relief de son temps. Il appartenait au monde des grandes affaires et des grandes élégances au milieu duquel se déroule le drame. C'était l'homme des entreprises audacieuses et en même temps un charmeur. Il n'est pas surprenant que le public ait songé à revêtir le personnage fantaisiste de M. de Camors de la dépouille de celui qui venait de disparaître et qui réalisait si parfaitement le type du héros de roman moderne. Mais Octave Feuillet s'était imposé une réserve bien digne de cette âme délicate. Appelé à vivre dans l'intimité des souverains et de leur entourage, à même de tout observer, de saisir les mystérieuses intrigues qui se déroulent partout où se trouvent confondus les passions et les intérêts de l'homme, il eût pu, sous le voile transparent d'une œuvre littéraire, publier de ces romans « à clef » qui ont fait la fortune de certains auteurs. Mais Octave Feuillet était un écrivain, un poète de race : au lieu de calquer pour ainsi dire le dessin de son œuvre sur le jeu des passions qui s'agitaient autour de lui, c'est dans la profonde et fine observation du cœur humain qu'il trouva ses plus belles inspirations. Cependant, pour les rôles féminins de M. de Camors, Mme de Tècle et sa fille Marie, ce sont deux femmes charmantes du monde parisien, la Baronne Poisson et sa fille, la Comtesse de Breuverie, qui servirent de modèle à l'illustre romancier.

On sait que Mme Feuillet, qui était par le charme et l'esprit la digne compagne de l'illustre romancier, était comme lui de Saint-Lô. Octave Feuillet, pendant les fréquents séjours qu'il faisait dans sa ville natale, se lia avec la famille du Baron Poisson, alors receveur général à Saint-Lô, et quoiqu'il n'y ait aucune analogie entre la vie de ces dames et les péripéties du roman, Octave Feuillet se plut à fixer dans son œuvre le type accompli d'une mère et d'une fille, également charmantes.

Après les événements de 1870, Octave Feuillet, qui ne s'était jamais mêlé à la politique, donna sa démission de bibliothécaire de Fontainebleau. C'était un poste auquel étaient attachés un gros traitement et bien des prérogatives. M. Jules Simon, alors Ministre de l'Instruction publique, insista vainement auprès de Feuillet pour lui faire conserver ses fonctions. Avec beaucoup de désintéressement, il persista dans son refus, ne voulant pas, dit-il, occuper un poste qui n'avait plus sa raison d'être.

En 1872, la publication de son roman *Julia de Trécœur* fut pour Octave Feuillet la cause d'un réel chagrin. Certains critiques voulurent reconnaître sous les traits de l'héroïne fantasque et bizarre un portrait de l'Impératrice Eugénie. Si le souvenir de la beauté de l'Impératrice avait pu suggérer à Feuillet quelques traits de physionomie, tout autre rapprochement était bien éloigné de son esprit. Il alla en Angleterre pour exprimer à l'Impératrice sa douleur de voir ainsi travestir la portée d'une de ses œuvres.

L'Impératrice appréciait trop le caractère de Feuillet pour lui prêter une intention offensante. Elle le rassura et lui fit comprendre que rien ne pouvait altérer ses sentiments de réelle sympathie. En effet, lorsqu'il y a peu d'années Octave Feuillet fut frappé par la mort d'un fils, un des premiers témoignages de condoléances qu'il reçut fut une lettre de l'Impératrice conçue dans les termes les plus touchants et qui associait le souvenir de sa douleur maternelle à la douleur ressentie par une âme tendre et sensible comme était celle d'Octave Feuillet.

En 1865, la pièce jouée à Compiègne pour la fête de l'Impératrice eut un éclat tout particulier.

Le Marquis de Massa, alors jeune officier des guides et l'un de nos plus charmants poètes, avait fait deux ans auparavant une pièce destinée à être représentée dans une fête donnée par le Duc de Mouchy pour l'inauguration de ses fonctions de châtelain dans sa splendide résidence de l'Oise. — Cette pièce, qui avait pour titre : *les Cascades de Mouchy*, fut jouée avec le plus grand succès. Les acteurs étaient :

La Comtesse de Pourtalès.
La Marquise de Galliffet.
Le Marquis de Galliffet.
MM. Haas.
Emmanuel Bocher.
Raymond Seillière.
Marquis du Lau.
Prince de Sagan.
G. de Saint-Maurice.
Comte de Pourtalès.
Maurice d'Irisson.
Baron Finot.

La Princesse de Metternich se mit en tête d'effacer, par une pièce jouée dans l'intimité de la cour, le succès des *Cascades de Mouchy* dont on parlait encore.

M. de Massa, prié par elle de s'en occuper, s'arrêta à l'idée de faire une *Revue* qui permettrait de toucher à toutes les actualités. L'Empereur venait de publier la *Vie de César*, cette œuvre qui le captiva pendant plusieurs années. M. de Massa donna pour titre à sa pièce : *les Commentaires de César*. Tout l'été, acteurs et auteur s'occupèrent à travailler leurs rôles ; et lorsqu'ils arrivèrent à Compiègne le 21 novembre 1865, avec la seconde série d'invités, tout était prêt pour la représentation. Cette pièce fut si parfaitement bien jouée, si pleine de verve et d'à-propos que, en 1867, lors de la visite des souverains à Paris, elle fut, sur leur demande, représentée aux Tuileries en leur présence, par les mêmes interprètes.

Voici la liste des personnes favorisées qui assistèrent à la première représentation des *Commentaires de César*, comme faisant partie de cette deuxième série :

Prince et Princesse de Metternich.
S. E. le Marquis de Leiva, Duc de Ripalda.
S. E. M. Béhic, Madame Béhic.
Marquis et Marquise de Chasseloup-Laubat.
S. E. le Général de Lœvestine.
Duc et Duchesse de Bivona.
S. E. le Prince de Reuss.
Comte de Solms.
Duchesse Colonna.
Général Mellinet.

Monsieur et Madame de Saulcy.
Monsieur et Madame Alfred Leroux.
Monsieur et Madame Lescuyer d'Attainville.
Baron et Baronne de Soubeyran.
Monsieur et Madame Bartholoni.
Monsieur Cuvier.
Monsieur Vaïsse.
Monsieur de Raynal.
Général et Comtesse Beuret.
Général, Comtesse et Mademoiselle Duhesme.
Général et Comtesse Pajol.
Comte d'Herbinghem.
Comte et Comtesse Davilliers.
Vicomte et Vicomtesse Aguado, Mademoiselle Aguado.
Marquis et Marquise de Las-Marismas.
Duc de Mouchy.
Duc de Montmorency.
Marquis de Massa.
Comte et Comtesse de Pourtalès.
Monsieur Ashton Blount.
Vicomte d'Espeuilles.
Monsieur Édouard Delessert.
Marquis et Marquise de Galliffet.
Comte Jacques de Fitz-James.
Monsieur de Saulcy.
Monsieur Alvarès de Toledo.
Monsieur Sylvestre de Sacy.
Monsieur Ambroise Thomas.
Monsieur Würtz.
Docteur Nélaton.
Monsieur Viollet-le-Duc.

Monsieur Eugène Lami.
Monsieur Charles de Mouy.
La Baronne de Poilly.
Monsieur et Madame Conneau.
Baron et Baronne de Pierres.
Marquis et Marquise de Piennes.
Madame de Sancy de Parabère.
La Princesse d'Essling.
La Comtesse de Montijo.
Comtesse Nava del Tajo.
Prince Joachim Murat.
Prince et Princesse Lucien Murat.
La princesse Anna Murat, enfin, dont le mariage avec le Duc de Mouchy était tout nouvellement décidé.

La Princesse de Metternich, dans plusieurs transformations successives, allait, avec une verve, une finesse, un esprit incomparables, conduire et dominer toute la pièce, interprétant d'une façon infiniment charmante ses rôles différents et s'arrêtant juste à la limite où l'on aurait pu oublier que la femme qui jouait était ambassadrice.

Aujourd'hui où la comédie de salon est plus que jamais à la mode, on compare volontiers le talent des amateurs à tels ou tels acteurs en renom. On flatte également les uns et les autres: si les amateurs manquent d'expérience, on retrouve chez eux le ton naturel de la bonne compagnie, fort difficile, paraît-il, à acquérir à la scène.

A ce sujet, je me souviens d'une anecdote qui me frappa. Il y avait pendant chaque série de Compiègne, dans le grand théâtre du palais, la représentation d'une pièce en vogue donnée par les acteurs des théâtres de Paris. Les artistes de la Comédie-Française avaient seuls le privilège, après la représentation, de venir dans la loge impériale saluer Leurs Majestés et recevoir leurs félicitations. Mme Madeleine Brohan jouait avec son incomparable talent le rôle de Mademoiselle de Belle-Isle].

J'avais été frappée de la grâce aisée et noble avec laquelle elle interprétait au naturel ce rôle d'une grande dame et d'une grande coquette. Aussi ma surprise fut extrême lorsque, se présentant devant Leurs Majestés avec la poudre et le grand habit telle qu'elle venait de paraître sur la scène, je la vis, interdite et troublée, ébauchant un salut avec l'aimable gaucherie qu'aurait pu avoir une petite provinciale intimidée.

Pour les *Commentaires de César* la liste des acteurs est longue.

C'étaient :

La Marquise de Galliffet.
S. A. la Princesse de Metternich.
Comtesse de Pourtalès.
Madame Bartholoni.
Baronne de Poilly.
S. A. Monseigneur le Prince Impérial.
Baron Lambert.
Comte de Solms.
Comte Davilliers Regnault de Saint-Jean-d'Angely.
Marquis de Caux.
Vicomte Aguado.
A. Blount.
Marquis de Las-Marismas.
Général Mellinet.
Lieutenant-colonel Marquis de Galliffet.
S. A. le Prince de Reuss.
Vicomte Jacques de Fitz-James.
Vicomte d'Espeuilles.
Louis Conneau.

Toutes ces personnes, très animées par l'espoir du succès dont elles se flattaient à juste titre, ne songeaient qu'à la représentation qui devait avoir lieu le 26 novembre, quelques jours après leur arrivée, car il fallait encore plusieurs répétitions d'ensemble, et il était nécessaire de se familiariser avec une scène nouvelle.

Le premier acte se passait sur un des talus du

Champs-de-Mars. Avant la levée du rideau, l'on entendait dans la coulisse la cacophonie qui éclatait à l'arrivée de l'Empereur, lorsqu'on battait aux champs, que toutes les sonneries retentissaient à la fois au milieu des acclamations de la troupe et que toutes les musiques militaires jouaient sur un ton différent l'air de la *Reine Hortense*, ce qui faisait dire mélancoliquement à l'Empereur, après une revue étourdissante où de place en place le même refrain résonnait par lambeaux décousus :

— Ah! ma mère ne sait pas ce qu'elle a fait le jour où elle a composé l'air de la *Reine Hortense*.

La scène présentait l'animation populaire qui entourait les solennités militaires. Au milieu de la foule, une cantinière paraissait. Sous le turban crânement porté de Zora, la vivandière des turcos bleus, on retrouvait la Princesse de Metternich qui, pour calmer l'impatience de la foule attendant César pour passer en revue les légions, s'avançait vers la rampe et priait le « Monsieur » qui occupait le milieu des fauteuils de remplacer « César » empêché au dernier moment. L'Empereur était ainsi appelé à présider la *Revue*. Telle était la donnée générale sur laquelle l'auteur faisait se dérouler comme dans toute bonne revue les incidents de l'année.

La Marquise de Galliffet, l'Industrie éblouissante et suave, drapée de laine blanche, coiffée de rayons d'or comme la statue qui domine le dôme du palais des Champs-Élysées, n'avait qu'à paraître pour parer la scène.

La Comtesse de Pourtalès, en « Hôtel des Ventes », chantait un boniment rappelant la vente récente de la célèbre galerie Pourtalès. On sait que le charme exquis, la beauté de la Comtesse qui semblait réunir en elle les dons des trois Grâces, impressionnait les foules. En effet, partout où elle paraissait, l'enthousiaste curiosité qui s'attachait à ses pas rappelait les succès de Mme Récamier, qui fut, nous dit-on, importunée pendant des années par l'admiration publique.

Aussi le Baron Lambert, M. Prudhomme, le compère de la *Revue* sous les traits d'un maire de Landerneau, pouvait-il, à juste titre, lui répondre avec les couplets suivants :

> La marchande le soir
> En chapeau noir

Vient à sa vente
Et la foule contente
Achète, achète pour la voir
Qu'elle vende ma foi.
Qu'on s'étouffe à sa porte !
Qu'elle vende, il n'importe !
Je vais dire pourquoi :
Quand tout sera vendu,
Qu'elle revienne, et moi j'atteste
Qu'avec celle qui reste
Le reste était du superflu.

« Trouville », Mme Bartholoni, belle à la façon des déesses de l'Olympe ; « Dauville », la Baronne de Poilly, se disputaient la suprématie de ces deux villes d'eaux, tandis que le Marquis de Caux, jouant au naturel un rôle de cocodès, cherchait vainement à mettre d'accord les deux beautés rivales.

Puis, au bruit d'un cliquetis de fouets dans la coulisse, apparaissait un cocher de fiacre, fouet en main, bien étoffé dans son long carrick blanc, finement chaussé de bottes à revers, le cou serré dans la haute cravate blanche et le chapeau à cocarde posé sur le bord des yeux ; un cocher tel que la grâce mignarde du xviiie siècle l'aurait reproduit en pâte tendre. Pleine de malice et d'élégance sous la livrée populaire d'un cocher d'Urbaine, la Princesse de Metternich faisait une entrée étourdissante. Cette même année, pendant un voyage que l'Empereur fit en Algérie, l'Impératrice étant régente, une grève générale éclata parmi les cochers de fiacre de Paris, causant une perturbation instantanée dans toutes les relations de la vie. Les pourparlers engagés entre les intéressés semblaient devoir se prolonger, chacun prétendant maintenir ses droits, et la grève, en se développant, menaçait de compromettre les plus graves intérêts. L'Impératrice appela aux Tuileries le Ministre de la guerre. Sur son ordre, il s'entendit avec les directeurs des grandes compagnies et le lendemain matin, à toutes les gares, les voyageurs, à l'arrivée, trouvèrent les fiacres habituels conduits par des soldats du train et des artilleurs de bonne volonté qui remplaçaient les cochers récalcitrants. Pendant plusieurs jours, Paris fut sillonné de voitures conduites ainsi par des soldats en tenue avec lesquels la population fraternisait, et qui empochaient les forts pourboires des bourgeois reconnaissants. Ce que voyant, les cochers grincheux vinrent humblement réclamer leur fouet, et tout rentra promptement dans l'ordre.

Cet incident nous valut le travestissement de la Princesse de Metternich qui, avec une petite voix aigrelette, détaillait ses couplets avec beaucoup plus de verve et d'esprit qu'on en a jamais entendu sur aucun théâtre.

— Nos maris se sont mis en grève, disait-elle. Plus de pain à la maison. Alors j'ai pris le fouet pour conduire sa voiture et je ne m'en acquitte pas mal. Jugez-en.

AIR DE : *Renaudin de Caen.*

D'un bout à l'autre de Paris,
En voiturant jusqu'à leur porte
Un tas de gens de toutes sortes,
J'observe et j'ai beaucoup appris !
Primo, je vais prendre à la gare
Les voyageurs et leurs colis :
Les premiers, dans cette bagarre,
Ne sont pas toujours très polis.
Quand tout commence à s'animer,
J'ai fait déjà plus d'une course ;
A midi, je jette à la Bourse
Les pigeons qui s'y font plumer !
Parfois, en modeste toilette,
Je conduis d'assez grand matin,
De belles dames en cachette
Dont le but paraît incertain...
N'allez pas, ce serait fâcheux,
N'allez pas autrement l'entendre !
Ce sont des dames qui vont rendre

Visite à quelque malheureux.
Tantôt sur la place on m'arrête
Et je charge un couple amoureux;
La dame a la jambe bien faite...
Le monsieur paraît fort heureux :
— « Monsieur, madame, à quel endroit? »
Du coin de l'œil on se concerte...
— « Allons où la campagne est verte;
Allons où la fougère croît. »
Le soir, c'est quelque bon ménage
Qu'on mène au bal, et quelquefois,
Pour ne pas déranger la cage,
Le serin monte auprès de moi!

PRUDHOMME, galamment.

Je comprends cela!

LE COCHER.

Merci!

Le samedi survient et crac!
Pour la noce il faut que j'attelle;
Et nous allons en ribambelle
Faire trois fois le tour du lac.
En rentrant j'ouvre la portière
Et souvent dans l'intérieur
J'ai retrouvé la jarretière
De la demoiselle d'honneur...
Mais avec moi rien n'est perdu
Et chaque objet que l'on égare
(Pourvu du moins qu'on le déclare!)
Sera fidèlement rendu.
Sans que l'ambition m'assiège,
Haut placé, je suis fort content :
Combien d'autres qui, sur leur siège,

En devraient savoir faire autant!
Vous voyez que dans tout Paris,
En voiturant jusqu'à leurs portes
Un tas de gens de toutes sortes,
J'ai beaucoup vu, beaucoup appris!

A l'acte suivant, la Baronne de Poilly, dans le costume pittoresque de l'*Africaine*, le dernier opéra de Meyerbeer, chantait un duo pathétique le plus bouffon du monde avec le Vicomte Aguado (Molusko), dont la belle tête orientale et la belle voix effaçaient le souvenir de Faure. Leur duo se terminait par un pas de deux où cette reine sauvage, superbe dans le déshabillé de l'Africaine, et ce beau nègre étaient incomparables.

Le Comte de Solms, actuellement ambassadeur de Prusse à Madrid, représentait un marchand de coco, Robin l'escamoteur, qu'on enfermait dans l'armoire aux mille carillons des frères Devenport, puis un Jockey.

Le Comte Davilliers, costumé en commissionnaire, traînait sur la scène la statue de Vercingétorix nouvellement érigée à Alise-Sainte-Reine, par les ordres de l'Empereur. Il chantait sans voix, d'une façon fort amusante néanmoins, des couplets à la gloire du héros gaulois.

M. Ashton Blount, un des jeunes gens les plus aimables de la société de Paris, et dont le souvenir ne s'est pas effacé, était une Thérésa merveilleuse. Il faisait une entrée de dos dans la toilette tapageuse d'une étoile de café-concert saluant aux acclamations qui retentissaient dans la coulisse et chantait la *Femme à barbe* comme Thérésa elle-même. Après cette exhibition fantaisiste, la Chanson de nos pères, voilée de deuil, entrait en soupirant :

>Ah! Ah! Ah!
>Hélas! je suis bien changée!
>Pauvre négligée,
>Hélas! qui me consolera?

C'était de nouveau la Princesse de Metternich. Son costume était un chef-d'œuvre de richesse et d'originalité. La gaze blanche de sa jupe était bigarrée de lignes de musique où des diamants, semés à profusion, formaient les croches et les triples croches; pour coiffure, un arpège en brillants.

Cette entrée mélancolique suspendait les cris et les bravos.

— Ah! mon Dieu, disait M. Prudhomme. Qu'est-ce qu'on vous a fait? Qui êtes-vous?

LA CHANSON, d'un air irrité.

Ce qu'on m'a fait? Demandez à celle qui sort d'ici. Qui je suis?

La Chanson! Celle que vous regrettiez tout à l'heure. La Chanson d'autrefois, la seule, la vraie, la bonne!

PRUDHOMME.

Vous?

LA CHANSON.

AIR DE *Doche.*

Moi la Chanson, sœur du gai Vaudeville,
Enfants tous deux du Français né malin,
Moi qui régnais sur la Cour et la Ville,
Moi la Chanson, je touche à mon déclin!
Mon art se meurt et la muse grossière
Chante à grands cris sur un rythme nouveau!
Tous mes élus reposent sous la pierre
Et j'ai perdu la clef de leur caveau!
Au temps heureux de la chevalerie,
Je n'inspirais que d'humbles troubadours
Qui s'en allaient, par la plaine fleurie,
En célébrant la gloire ou les amours...
Mais, las bientôt de chanter pour les dames,
Les carrousels, les jeux et les tournois,
L'esprit français créa les épigrammes,
Et me voici dans le palais des rois!
Sous Mazarin, lorsque le canon gronde,
Vous entendez mes quatrains, mes couplets;
La Souveraine en guerre avec la Fronde
A bien plus peur des vers que des boulets...
Sous Louis XIV, il a fallu me taire :
On flatte, on tremble à l'ombre du grand Roi.

Et puis, d'ailleurs, La Fontaine et Molière
N'avaient-ils pas bien plus d'esprit que moi?
Vient la Régence : ah! diable, on me réveille!...
Grâce à Collé, la morale aux abois
A succombé sous le poids de la treille
Et mon refrain devient des plus... grivois!
Mais à mon tour, je flétris à mon aise
Les favoris, les filles et le vin;
Tout en riant, ma belle Bourbonnaise
Déjà dénote un orage prochain.
Sûre de moi, la Liberté française
Trouve une sœur au moment du danger :
Mon nom devient... souffrez que je le taise,
Car la terreur m'empêche d'y songer!
Enfin, je mets mon bonnet de grisette,
Car, tour à tour, il faut savoir changer;
Regardez-moi : c'est moi! Je suis Lisette,
Qui pleure ici notre vieux Béranger!
Pauvre Chanson, sœur du gai Vaudeville,
Enfants tous deux du Français né malin,
Moi qui régnais sur la Cour et la Ville,
Pauvre Chanson, j'arrive à mon déclin!

ENSEMBLE.

Pauvre Chanson, sœur du gai Vaudeville, etc...

PRUDHOMME.

Oui, oui, je vous reconnais à présent, c'est vous qui êtes Frétillon, Musette, l'Andalouse, Gentil-Bernard, Roger-Bontemps, la mère Godichon!...

LA CHANSON.

Oui, j'étais tout cela.

L'INDUSTRIE.

Vous l'êtes encore.

LA CHANSON, chantonnant.

Eh! non, non, non!
Je ne suis plus Lisette,
Eh! non, non, non,
Je ne veux plus ce nom...

PRUDHOMME.

Pourquoi cela?

LA CHANSON.

Parce que l'ère n'est plus à la chanson.

L'INDUSTRIE.

Si on vous priait bien?

LA CHANSON.

Inutile! Je suis capable de tout, c'est vrai... excepté pourtant de hurler les trivialités à la mode devant vos cinq cents buveurs de bière! Autrefois, à la bonne heure? J'étais gaie! j'étais folle! mais banale, jamais! Tout m'était permis à la condition d'avoir de l'esprit, et comme j'en avais beaucoup, je ne ménageais pas grand'chose...

PRUDHOMME.

Pas même la politique?
Chut! ne parlons pas de ça!...

LA CHANSON.

Oh! je ne me gênais guère! Dans la rue, je fredonnais à la barbe des alguazils, le quatrain défendu...; je voltigeais de bouche en bouche, de fleur en fleur, dans les champs, dans les chaumières, dans les mansardes, partout enfin où il y a un rayon de soleil... (souriant) ou un rayon d'amour!

L'INDUSTRIE.

Allons, allons... ça va mieux... Voilà le sourire qui revient...

LA CHANSON.

C'est possible!... Que voulez-vous? c'est une vieille habitude!... Et puis, vous savez : « Chassez le naturel...

PRUDHOMME.

Il revient au galop! »

L'INDUSTRIE.

D'ailleurs, on ne peut pas se passer de vous.

LA CHANSON.

Vous croyez?

L'INDUSTRIE.

J'en suis sûre! Fi! que c'est vilain de bouder. D'abord, nous ne vous laisserons pas partir... et dans le fond... vous le savez bien...

LA CHANSON.

Eh bien! oui, j'en conviens... c'est vrai... Tout le monde a besoin de moi.

L'INDUSTRIE.

Eh bien! alors?

LA CHANSON.

Je me rends.

PRUDHOMME.

Bravo! Il y aura encore de beaux jours pour la France!

LA CHANSON.

Air d'*Hervé*.

Ce qui m'assure le succès,
C'est que je suis de tous les âges,
Que, chez les fous et chez les sages,
Je rencontre le même accès.
Pour bercer l'enfant qui sommeille
La mère épuise mes leçons,
Que demain sa lèvre merveille
Répétera dans les buissons.
Jeune vierge au front innocent,
Pourquoi ce trouble qui commence?...
C'est que l'amour, c'est ma romance,
Que tu chantes en rougissant!
Dans ce plaisant pays de France,
Si chacun veut suivre mes lois,
C'est que flattant votre inconstance,
Je pleure... et je ris à la fois!
Je suis partout pour égayer :
Chez les oiseaux avec l'aurore,
Et tout le jour je siffle encore
Dans la bouche de l'ouvrier...
Car j'appartiens à tout le monde :
Au malheureux sur son grabat,
Au marin qui se rit de l'onde,
Au soldat qui marche au combat!
Jusqu'aux cieux les plus reculés
C'est moi qui porte, souriante,

L'écho de la patrie absente
Au cœur des pauvres exilés.
Je passe au feu de la satire
Les abus de l'autorité
Et je mets, grâce à mon sourire,
Tous les rieurs de mon côté...
Mais lorsque le ciel irrité
Du fléau frappe nos phalanges,
Je chante et je bénis les anges
Qui se font « sœur » de charité [1]!

L'INDUSTRIE.

A la bonne heure!... On vous retrouve!

PRUDHOMME.

Un peu sentimentale... Mais enfin on vous retrouve!... Il me semble pourtant qu'autrefois Frétillon...

LA CHANSON.

Oh! rassurez-vous... Je ne suis pas devenue bégueule... et je n'ai rien oublié de mon joyeux passé... Vrai Dieu! C'était le bon temps quand, au dessert, je grimpais sur la table, le verre en main...

PRUDHOMME.

Et vous mettiez les pieds dans le plat?...

LA CHANSON.

Quelquefois... Bast! Les convives mettaient le nez dans leur assiette et tout était dit... D'ailleurs j'en avais pour tous les goûts.

1. Cette année-là, pendant l'épidémie du choléra, l'Impératrice était allée visiter les malades des hôpitaux.

Air.

A l'heure où le champagne
Emporte la raison,
La gaieté, ma compagne,
Sortait de sa prison.
J'ai charmé plus d'un prince,
Et, dans toute saison,
A Paris, en province,
J'ai tenu garnison...

Refrain.

Dérider tous les fronts,
C'était mon privilège...
Et les bouchons de liège
Sautaient jusqu'aux plafonds!

ENSEMBLE.

Dérider tous les fronts
C'était { mon / son } privilège, etc., etc.

LA CHANSON.

Pour les vieux militaires
Qu'attendrit le bon vin,
Je glissais dans les verres
Quelque couplet chauvin
Où l'on voit en image,
Pour bénir le drapeau,
Descendre d'un nuage
L'homme au petit chapeau!

ENSEMBLE.

Dérider tous les fronts, etc.

LA CHANSON.

Pour plaire à nos coquettes,
Dans les petits soupers,
Je chantais les défaites
Des amoureux... dupés...
La cigarette aux lèvres,
Quelques fois, j'ai bien ri
En poursuivant deux lièvres :
L'amant et le mari !

ENSEMBLE.

Dérider tous les fronts !

LA CHANSON.

Enfin, à la cueillette,
Au moment du raisin,
Je suivais la fillette
Au bras de son cousin...
Et quand ma chansonnette
Arrivait à sa fin,
Le bonnet de Jeannette
Passait sur le moulin !

ENSEMBLE.

Dérider tous les fronts, etc.

La grâce fine et légère, l'entrain, l'émotion communicative n'eurent jamais semblable interprète et la Princesse sut nous montrer, comme devait le lui dire le Prince Impérial dans le couplet final, que l'esprit est un don, dont nous ne devrions pas, nous autres Français, nous attribuer l'exclusif privilège.

Pendant un entr'acte, l'Empereur, charmé, était allé dans les coulisses afin de complimenter auteur et acteurs. Entrant dans le petit salon qui servait de foyer, il voit un jeune sergent de la ligne en tenue de route, son fusil à la main, qui causait avec un invalide. Pensant qu'on avait demandé des hommes de la garnison pour la figuration, l'Empereur, toujours bienveillant, s'approche d'eux et s'adressant au sergent :

— Êtes-vous depuis longtemps en garnison à Compiègne?

— Depuis trois jours, Sire, répond le sergent d'une voix forte en faisant le salut militaire.

L'Empereur le regarde mieux :

— Eh! c'est Galliffet.

Alors, se retournant vers l'invalide, il le reconnaît aussi.

— Comment! c'est vous, Mellinet? Je vous prenais pour un invalide.

Et l'Empereur fut pris d'un de ces bons accès de gaîté qui le faisaient rire comme on ne rit que dans la jeunesse.

Le général Mellinet avait consenti à revêtir la capote des vétérans pour paraître dans le dernier acte, où l'on voyait la France, Mme de Pourtalès, et l'Angleterre, Mme Bartholoni, fraternisant à la faveur des traités de commerce.

Enfin, après avoir réuni, par une sorte d'évocation, l'épopée impériale de Napoléon Ier au règne de Napoléon III :

— Et l'avenir? disait M. Prudhomme.

— L'avenir? Le voilà et le Prince Impérial paraissait dans son uniforme de caporal des grenadiers de la Garde.

Le Prince avait alors neuf ans. Il était enchanté de jouer un rôle qu'il s'était appliqué à apprendre de son mieux.

Son frais visage enfantin était charmant sous le bonnet à poil. Il chantait un couplet sur un vieil air français, avec des gestes et un accent ingénus :

> Un grenadier c'est une rose
> Qui brille de mille couleurs.
> Mais le seul but qu'il se propose,
> C'est de rallier tous les cœurs (*bis*).
> Relevant sa moustache fière,
> La France est sa particulière;

Le dieu d'amour le guide auprès.
Voilà, voilà, voilà, voilà le grenadier français, etc.

Après les rappels et les derniers bravos, le Prince, entouré de tous les acteurs, chantait, pour terminer, les couplets suivants ajoutés à la *Revue* par un poète dont le nom m'échappe. Les mains pleines de fleurs, il offrait ses remerciments aux interprètes et à l'auteur. Pour faire comprendre la portée du couplet destiné à ce dernier, il faut dire que le Marquis de Massa, mettant à profit la liberté que lui donnait son séjour à Compiègne, avait sollicité et obtenu de l'Empereur la faveur de partir pour le Mexique, afin d'y achever la campagne. C'est à cette circonstance que fait allusion la note mélancolique du couplet final.

Air : *T'en souviens-tu ?*

Vingt fois, ce soir, la *France* et l'*Industrie*
Ont provoqué vos bravos chaleureux ;
Puis l'*Africaine* et l'*Angleterre amie*
Vous ont séduit dans leurs couplets joyeux :
Beauté, talent et grâces infinies
Ont su charmer et vos yeux et vos cœurs ;
En vos bravos puisqu'elles sont unies, ⎱ bis
Que dans leurs mains se partagent ces fleurs. ⎰

Pour celle aussi qui, ce soir, deux fois femme,
Nous a rendu la joyeuse chanson.

Et pour Lisette et pour la noble dame
Je vous demande une double moisson ;
Esprit, gaîté, verve, grâce, finesse
De la chanson ont gagné le procès ;
Mais entre nous, de la croire je cesse } bis
Quand elle dit que l'esprit est français. }

Au jeune auteur, dont la muse rieuse
De l'art de plaire a si bien les secrets,
Votre pensée émue et sérieuse,
Au lieu de fleurs, apporte des regrets.
De simples fleurs seraient ici bien pâles
Pour le soldat qu'attendent des lauriers,
Et que le bruit des marches triomphales } bis
Frappe déjà de ses échos guerriers. }

Puis s'adressant au général Mellinet :

A des lauriers si je ne puis prétendre
Et demander à vos mains d'applaudir,
C'est qu'aujourd'hui mon nom me dit d'attendre,
Car vous savez qu'on m'appelle Avenir ;
Mais en voyant le noble visage
Du vieux soldat et son front sillonné,
J'aime à penser aussi qu'à mon courage } bis
Pareil honneur, un jour, sera donné. }

Le Prince mit tant de grâce et de sentiment dans ces dernières paroles, que le vieux Général, touché jusqu'au fond du cœur, oubliant son rôle et la représentation, saisit le Prince Impérial dans ses bras et l'embrassa avec effusion.

Ce mouvement de scène imprévu interrompit la représentation. Comme tous les sentiments spontanés et sincères, l'émotion du Général était communicative.

Ainsi que le Prince, il fut acclamé. Le visage de l'Impératrice rayonnait de bonheur. Les yeux de l'Empereur étaient mouillés de douces larmes en contemplant son fils, cet enfant déjà intelligent et sensible sur qui reposaient de si grandes espérances.

CHAPITRE VII

L'enfance du Prince Impérial. — Au camp de Châlons. — Miss Schaw. — Un incendie. — La lanterne magique. — Caractère du Prince Impérial dans son enfance. — Un toast. — Le premier bain de mer. — Le portrait du Baron Larrey. — Dessin fatidique. — Bustes modelés par le Prince. — M. Bâchon. — La première revue à cheval. — Influence de M. Bâchon. — Son humeur et son dévouement. — Visites en exil. — Caporal du 1er grenadiers de la Garde. — Les spahis. — M. Prévost-Paradol escortant le Prince. — Mme Cornu. — M. Monnier. — Le Prince et l'armée. — Une lettre du Prince Impérial. — Maladie. — L'Empereur et son fils.

Au moment du voyage de Schwalbach, l'Impératrice se disposant à quitter Saint-Cloud, on convint que le Prince Impérial accompagnerait l'Empereur à Châlons. Très fier de se mêler à cet état-major de généraux, le Prince, bien pris dans sa petite tunique ne se lassait pas de jeter un regard furtif sur le pantalon d'ordonnance qui remplaçait, à sa grande joie, les knikerbookers qu'il portait d'ordinaire. Il avait à la main le

bonnet à poil des grenadiers; un peu gêné par
le col d'uniforme auquel il n'était point accoutumé, il se tenait droit, la tête un peu raide pour
ne pas perdre une ligne de sa petite taille, consultant du regard M. Bâchon, son écuyer, afin de
s'assurer que sa tenue était correcte. C'était entre
eux un échange muet de petits signes intéressants à observer, pour qui savait avec quelle
conscience le Prince, tout enfant, s'appliquait à
observer les lois de la discipline.

Depuis plusieurs années déjà, le Prince suivait l'Empereur au camp de Châlons. C'était une
fête pour l'Empereur que de se trouver ainsi
avec son fils au milieu de l'armée. On emmenait
M. Bâchon et miss Schaw, la gouvernante anglaise
que l'Impératrice avait placée auprès du Prince
dès sa naissance et qui, dans une sphère modeste,
avait des qualités de premier ordre. Avec son bon
visage souriant, ses larges genoux, ses bras qui
s'arrondissaient naturellement comme pour bercer, elle semblait faite à souhait pour accomplir
sa tâche. Beaucoup d'expérience dans les soins,
de l'intelligence, de la bonté, un dévouement
sans bornes; sachant, non sans dignité, se tenir

à sa place : telle était l'excellente femme, que le Prince aimait comme un enfant aime sa nourrice.

— My Prince, my Baby.

C'était le fond de la conversation de miss Schaw, qui n'avait jamais pu apprendre notre langue et qui avait oublié la sienne. Cependant elle s'entendait admirablement avec le Prince, et lui prodiguait les avis, les encouragements, les observations, avec beaucoup de jugement ; car il faut tout enseigner aux enfants, même à être heureux et bons.

Un des souvenirs douloureux de la vie de miss Schaw remontait à l'époque d'un voyage à Biarritz alors que le Prince n'avait encore que quelques mois. Afin d'éviter les inconvénients de la poussière pendant un long trajet, elle avait eu la précaution de couvrir le visage de l'enfant d'un long voile de gaze bleue. La foule assemblée cherchait surtout à apercevoir la figure du jeune Prince, que miss Schaw portait endormi.

—Tiens ! il est donc aveugle, qu'on le cache ? dit une bonne femme, assez haut pour être entendue.

Ce propos ridicule fut recueilli et propagé avec une certaine persistance; dix ans plus tard, miss Schaw le rapportait avec indignation, comme outragée que l'on ait pu ainsi interpréter ses soins.

Au camp, le Prince occupait, dans le quartier impérial, la baraque voisine de celle de l'Empereur. Une nuit, vers deux heures du matin, la sentinelle qui veillait derrière le pavillon impérial donna l'alarme en criant : Au feu ! Le feu venait d'éclater dans la baraque du Prince. Une femme de garde-robe avait laissé tomber une bougie allumée sur des vêtements, qui s'enflammèrent, communiquant le feu aux rideaux de perse, aux tentures légères. Ce fut en un moment une rumeur que l'on devine.

L'Empereur, passant un vêtement de chambre, arrivait le premier auprès de son fils, et, avec des précautions de nourrice, prenant dans ses bras l'enfant endormi, il l'emporta et le coucha dans son propre lit.

Au signal d'alarme, tout le quartier impérial fut debout, et chacun, demi-vêtu, se précipita au dehors. Le Baron Larrey, médecin en chef des armées, un des plus proches voisins du pavillon de l'Empereur, accourut ainsi que le général

Castelnau. Ils trouvèrent l'Empereur dans un émoi extraordinaire.

— Venez vite, mon cher Larrey, dit Sa Majesté en prenant les mains du docteur et en l'entraînant avec inquiétude dans sa chambre. J'ai transporté Louis dans mon lit, mais il ne bouge plus, et je n'entends pas sa respiration.

Le Baron Larrey s'approcha et, du premier coup d'œil, il reconnut ce paisible sommeil de l'enfance que rien ne trouble. Le Prince avait les joues roses, le souffle léger, le pouls calme d'un enfant qui repose.

— Le Prince est dans l'état le plus rassurant, s'empressa de dire le Docteur : son sommeil n'a pas été interrompu, et demain au réveil il n'aura même pas le souvenir de ce qui s'est passé.

L'Empereur, si maître de lui, si calme dans les phases les plus critiques de sa vie, laissait voir une agitation extraordinaire, à la seule pensée que son fils pouvait être souffrant.

Deux ans après environ, le Prince Impérial, accompagnant de nouveau l'Empereur à Châlons, entra chez son père comme il le faisait d'ordinaire après le déjeuner, pendant que l'Empereur fumait des cigarettes avec les officiers de service.

L'Empereur ayant pris son fils sur ses genoux :

— Loulou, tu seras bien content ce soir! Un officier d'artillerie a préparé pour toi une grande représentation et doit te montrer la lanterne magique.

Le Prince, après avoir écouté attentivement, quitta les genoux de son père et se dirigea vers la porte.

— Eh bien! tu ne dis rien : est-ce que cela ne te fait pas plaisir? Pourquoi te sauves-tu comme cela? dit l'Empereur étonné. Où vas-tu?

— Je reviens dans trois minutes, dit le Prince. Et il disparut.

Après un instant, en effet, le Prince rentrait et reprenait sa place sur les genoux de l'Empereur. Alors, s'interrompant, l'Empereur lui dit :

— Eh bien! me diras-tu d'où tu viens?

— Oh! oui, je vous le dirai maintenant, papa. J'ai été inviter miss Schaw au spectacle.

— C'est différent alors, si tu as des invitations à faire aux dames!

Et l'Empereur rit de ce bon rire jeune qui secouait tout son corps et qu'il conserva si longtemps.

Le soir, au moment de la représentation, le Prince Impérial alla lui-même chercher miss Schaw et l'amenant très sérieusement par la main, il lui fit prendre place parmi l'état-major du camp, tenant à faire partager son plaisir à cette excellente femme.

Avec beaucoup de vivacité, de spontanéité, le Prince avait ce fonds de réflexion que l'on est parfois surpris de trouver chez les enfants. Il voyait tout, observait, et conservait en lui-même ses impressions, trouvant, avec beaucoup de finesse, le mot juste pour exprimer sa pensée.

Lorsqu'une idée lui était suggérée, si la chose lui semblait d'importance, il réfléchissait silencieusement et ne répondait qu'après un moment d'examen personnel, ne se contentant pas, tout enfant encore, de ce qu'on lui « soufflait », mais se l'assimilant en quelque sorte et en tirant le parti qui lui convenait.

Le Maréchal Randon, étant Ministre de la guerre, vint au camp pour terminer avec l'Empereur le travail des décorations qui devaient être distribuées aux troupes.

Le soir, un grand dîner réunissait autour de la table impériale les commandants de corps et tous les généraux présents à Châlons.

Le Ministre de la guerre était placé à la droite de l'Empereur. Au dessert, suivant son habitude, le Prince Impérial vint embrasser l'Empereur, et se tint debout près de la table, à ses côtés. Le Maréchal Randon, profitant de ce que l'Empereur causait avec son voisin de gauche, attira le Prince, et, faisant le geste de lever son verre comme pour un toast, il lui dit à voix basse :

— On va servir le champagne, Monseigneur : portez la santé de l'Empereur.

Le Prince le regarda de ses grands yeux clairs; puis, sans rien dire, il fit de la tête un petit signe entendu et parut réfléchir profondément.

Le Maréchal Randon avait fait part à ses voisins du petit incident qui se préparait. Lorsque les maîtres d'hôtel eurent rempli les coupes de champagne, il se fit une seconde de silence.

Alors le Prince, avançant la main, prit sur la table la coupe de l'Empereur, où souvent il lui était permis de tremper ses lèvres, et, l'élevant de toute la hauteur de son petit bras :

— A l'armée ! s'écria-t-il d'une voix claire.

Puis il remit la coupe aux mains de son père, dont les yeux s'humectaient de tendresse, tandis que les généraux présents acclamaient l'Empereur et son fils.

Le Prince ayant cinq ans, on lui fit prendre, à Biarritz, son premier bain de mer. Il avait montré jusque-là beaucoup d'aversion pour l'eau froide et même beaucoup de frayeur sur l'eau. Mais, pensant que les bains étaient utiles au développement d'un enfant de cet âge, l'Impératrice, sur l'avis des médecins, avait décidé le Prince, qui avait promis d'être brave et raisonnable. Un jour donc, sur la plage devant la villa, où même par les plus beaux temps la mer déferle en larges vagues, le Prince fut confié aux soins d'un baigneur. En présence de l'Impératrice, qui l'encourageait, on le porta dans l'eau, et on lui fit faire, la tête la première, l'affreux plongeon traditionnel. Le Prince, suffoqué d'abord, se mit à pousser des cris horribles dès qu'il eut repris sa respiration, et il fallut interrompre le bain.

Lorsqu'il fut habillé et calmé, l'Impératrice le prit par la main et se mit à le raisonner.

— Pourquoi as-tu jeté de tels cris? C'est honteux pour un garçon de ton âge.

— Mais, maman, j'ai eu trop peur quand j'ai vu ces grosses vagues sauter autour de moi.

— Comment! tu restes sans broncher devant un canon chargé, et tu as peur de l'eau!

— Ah! maman, c'est que je commande au canon et que je ne peux pas commander à la mer.

Le Prince avait une délicatesse de cœur singulière; la crainte de blesser par une certaine vivacité ceux qui s'occupaient de son bien-être lui inspirait souvent des pensées charmantes.

Étant un peu fatigué de la vie à Châlons, où il s'agitait beaucoup, et qui le sortait du calme de ses habitudes régulières, il eut un jour un peu de mal de tête, d'embarras d'estomac. L'Empereur pria le Baron Larrey de l'examiner.

Le Docteur prescrivit quelques légers soins et entre autres un repos de quarante-huit heures. Le Prince se récria et se mit à raisonner :

— Vous pensez bien, Docteur, que je ne suis pas venu au camp pour me soigner et m'enfermer ; je ne peux pas me priver de sortir pendant deux jours. Qu'est-ce que je ferais?

— Mais, Monseigneur, insista le Docteur, si vous ne vous soignez pas, vous pourriez devenir plus malade, et cela tourmenterait l'Empereur. Vous lirez, vous dessinerez, puisque vous avez le goût du dessin, vous ferez des croquis militaires.

Le Prince réfléchit un moment. Craignant d'avoir blessé le Baron en résistant à son avis :

— Eh bien! vous avez raison, Docteur, je suivrai votre conseil. Il y a là, dans le salon à côté, votre portrait sur le champ de bataille de Solférino : je le copierai pour vous le donner. Cela m'intéressera beaucoup.

Le Prince, en effet, avait un goût très vif pour le dessin. Dès qu'il restait un moment tranquille, il crayonnait sur tous les sujets dont on causait autour de lui. Malgré l'incorrection d'une exécution enfantine, ces petits croquis avaient beaucoup de vie et de mouvement. C'était surtout les sujets militaires qui le captivaient, et, saisissant le côté pittoresque des différents types de l'armée, les chevaliers armés de pied en cap, les mousquetaires du Roi, les vétérans de la Grande Armée, les soldats de la Garde se livraient à des tournois fantaisistes, s'alignant et ferraillant au gré de son imagination.

Le soir, pendant les moments que le Prince passait au salon avec l'Empereur et l'Impératrice, avant l'heure où il se retirait, il s'emparait du papier, des crayons qu'il trouvait dans le salon de service, et s'amusait à dessiner, au hasard. Il abandonnait ensuite ces feuilles à ceux que ces petits autographes intéressaient. J'en ai conservé un certain nombre, parmi lesquels il en est un fort bien fait, par le Prince, aux Tuileries, en 1865 : il emprunte aux événements un pathétique souvenir.

C'est un soldat d'artillerie, l'uniforme que le Prince Impérial portait au Zululand, renversé par son cheval qui s'enfuit.

Lorsque Carpeaux travaillait à la statue du Prince Impérial au printemps de 1865, pendant les séances qui avaient lieu dans l'orangerie de la terrasse du Bord de l'eau, le Prince pour se distraire se mit à manier la terre glaise. Il fit de mémoire un buste de l'Empereur, défectueux comme exécution et qui semblait fait de boulettes de mie de pain, mais extrêmement ressemblant.

L'Empereur, sans permettre qu'on y fît aucune retouche, le fit mouler et le conservait dans son cabinet. Le Prince fit aussi le combat d'un cavalier et d'un fantassin qui était plein de mouvement! On voyait qu'il savait manier un cheval et qu'il connaissait l'escrime à la baïonnette. Mais le plus extraordinaire, ce fut le buste de son précepteur, M. Monnier : on l'aurait reconnu d'un bout à l'autre d'une galerie. Ce n'étaient pas seulement ses traits, c'était son expression. Tout le caractère de l'homme se révélait dans le nez, les yeux, les moustaches, la pose un peu effarouchée de la tête. Peu de portraits sont aussi ressemblants.

Le Prince Impérial avait une prédilection très grande pour le séjour à Saint-Cloud. Il y trouvait plus de liberté qu'à Paris, où il ne pouvait sortir qu'en voiture, entouré de son escorte, pour aller chaque jour se promener et jouer à Bagatelle, tandis qu'il trouvait à Saint-Cloud toute la liberté chère à son âge, l'activité qui lui plaisait. Un petit chemin de fer installé non loin du palais, à l'extrémité de la grande allée des Platanes, dans lequel le Prince et ses camarades pouvaient monter, était un de leurs jeux favoris.

Par un mécanisme ingénieux, un diminutif de locomotive traînait plusieurs wagons en miniature sur des rails disposés en pente, et les enfants avaient le plaisir de faire mouvoir sans danger un train complet. La gymnastique était un des exercices habituels du Prince. Agile et adroit, il se suspendait aux cordages, grimpait, se balançait. Aimant à surpasser ses compagnons par son audace, il faisait parfois trembler les spectateurs de ses ébats.

Un jour, aux Tuileries, au retour d'une promenade, ayant mis pied à terre devant le pavillon de l'Horloge, tandis que M. Monnier causait avec une personne qu'il venait de rencontrer, le Prince imagina d'entreprendre l'escalade du balcon de la salle des Maréchaux, en grimpant au mur et s'aidant des pierres en saillie, qui formaient les pilastres du portique. M. Monnier se retourne, n'aperçoit plus le Prince à ses côtés, lève les yeux et le voit déjà assez haut, accroché le long du mur. On devine le saisissement du précepteur du Prince qui n'osait point l'appeler dans la crainte de provoquer une chute.

Enfin il eut la présence d'esprit de dire doucement :

— Descendez, Monseigneur : le poste vous regarde, et ce que vous faites là n'est pas convenable.

Le Prince comprit l'observation, et en un moment il était à terre, sans accident.

Dès l'enfance, le danger semblait provoquer son intrépidité.

Mais l'exercice que le Prince préférait à tout, c'était le cheval. Tous les jours, régulièrement, M. Bâchon, son écuyer, lui donnait une leçon. A Saint-Cloud, le manège était en plein air, dans la partie haute du parc, et les leçons y étaient plus agréables qu'au manège du quai d'Orsay. M. Bâchon, émule du Comte d'Aure, auquel il devait les traditions les plus correctes de la science équestre, remplissait ses fonctions auprès du Prince, avec lequel il passait presque toutes les heures de la journée, comme on accomplit un sacerdoce. M. Bâchon avait une personnalité toute particulière, et que l'on serait tenté de qualifier d'originale, si l'originalité pouvait s'allier à la perpétuelle préoccupation d'une attitude correcte.

C'était surtout un homme excellent, profondément dévoué, véritablement digne de la confiance que l'Empereur lui témoigna le jour de la naissance du Prince en lui confiant la garde de son fils. M. Bâchon était de la Provence; il en avait conservé l'accent particulier, et son esprit enjoué convenait pour vivre auprès d'un enfant. Ses traits épais étaient fortement couturés par les traces de la petite vérole. Il avait les cheveux gris et rares, la tournure d'un ancien commandant de cavalerie, et il cachait soigneusement son âge. A pied, il pouvait sembler un peu vulgaire ; à cheval, il était superbe.

Le cheval était son élément, le complément nécessaire de sa vie. Bien monter à cheval était, à ses yeux, la réelle supériorité de l'homme. C'est ce qui le frappait le plus dans l'Empereur. Audacieux et prudent, il avait fait du Prince Impérial un cavalier accompli. Il avait une entente merveilleuse pour préparer les chevaux que le Prince devait monter. On eût dit qu'il les magnétisait. L'éducation équestre du Prince commença à deux ans. Lorsqu'il eut trois ans, M. Bâchon proposa de lui faire passer une revue à cheval.

L'Empereur, redoutant un accident, hésitait :

— Je réponds de tout, avait affirmé M. Bâchon.

Trop petit pour avoir des vêtements de garçon, le Prince portait encore le kilt écossais. La revue eut lieu au Carrousel, et le Prince défila au trot aux côtés de l'Empereur devant le front des troupes. Le petit cheval manœuvrait comme les chevaux de sang, le Prince se tenait très ferme; tout se passa à souhait.

En rentrant, Bâchon faillit s'évanouir d'émotion et d'orgueil. Plus tard il racontait les incidents de cette revue comme on raconte un jour de bataille. Il avait des idées chevaleresques, un peu naïves pour notre temps, et dont il nourrissait l'esprit du Prince, une sensibilité touchante, l'amour passionné de son élève, réunissant la sollicitude d'une mère à la gaieté d'un camarade, au respect d'un serviteur, à l'attachement d'un ami.

Un surnom un peu railleur résumait sa personnalité.

— C'est Marcel des *Huguenots*, avait dit quelqu'un pour qualifier ce dévoûment fanatique.

Il le savait et s'en montrait honoré.

Cette épithète répondait au rôle idéal qu'il

s'était tracé. Ses conversations avec le Prince Impérial enfant dans un langage moitié familier, moitié solennel, étaient des chefs-d'œuvre de bonhomie, de simplicité en même temps que d'enseignement moral. Renversant l'ordre des âges, il faisait penser à ces nourrices qui n'ont jamais quitté l'enfant élevé par elles et dont le respect se mêle, auprès du nourrisson devenu un homme, aux réminiscences de la sollicitude et des tendresses d'antan. C'était surtout pendant les leçons de manège que sa bonne humeur et sa verve méridionales prenaient leur cours, pour encourager et gourmander son élève! Avec lui le Prince s'amusait toujours. Il l'aimait, et se plaisait, tout enfant, à ses récits épiques. On peut dire que cet excellent homme, s'effaçant dès que l'éducation et les intérêts du Prince le commandèrent, a noblement rempli une mission délicate, pleine de responsabilités et d'écueils. Déjà âgé après la guerre, il s'était retiré dans un petit domaine provençal où la générosité de l'Empereur lui avait ménagé une retraite. Il venait chaque année, soit en Suisse, soit en Angleterre, voir le Prince, qui l'accueillait avec une déférence et une amitié dont son vieux cœur était transporté. M. Bâchon ne pouvait s'empêcher, en voyant les rares qualités qui se développaient chez son impérial élève, d'en attribuer une part à ses soins. Le Prince Impérial flattait doucement ces sentiments d'un vieil ami.

— Sans vous, mon cher monsieur Bâchon, disait-il, jamais je n'aurais pu faire ceci, jamais je n'aurais songé à cela. Et il lui rappelait affectueusement tous les petits épisodes de sa première enfance.

M. Bâchon emportait de ses visites du bonheur pour toute une année.

Le 16 mars 1863, le Prince Impérial venait d'avoir sept ans. L'Empereur passa en revue les enfants de troupe du 1er régiment des grenadiers de la Garde. Le Prince était mêlé dans leurs rangs et manœuvra fort correctement. Il avait alors le grade de caporal. Ses camarades sollicitèrent pour lui les galons de sergent. Mais l'Empereur déclara que son fils n'avait pas droit encore à ce brillant avancement.

Vers la même époque, un escadron de spahis indigènes fut appelé à Paris, et, faisant le service à tour de rôle avec les troupes de la garnison, parfois ils escortaient le Prince Impérial, qui était émerveillé de voir ces soldats au noir visage, avec leur étrange costume flottant, faisant autour de sa voiture, suivant la coutume arabe, la fantasia sur leurs chevaux légers.

Cet enfant au milieu d'eux avait l'air d'un Prince enchanté des *Mille et une Nuits* enlevé par de noirs magiciens. Il arriva une assez plaisante aventure à M. Prévost-Paradol, du *Journal des Débats*, qui était alors dans les rangs de l'opposition. Il avait acheté un cheval arabe d'un officier de spahis. La première fois qu'il alla au bois de Boulogne, pour essayer sa monture, il rencontra la voiture du Prince qui passait avec son escorte de spahis. Aussitôt le cheval se met avec eux, et M. Prévost-Paradol, bon gré, mal gré, dut escorter le Prince jusque dans la cour des Tuileries.

Ce fut cette année-là que M. Monnier fut attaché à la personne du Prince comme précepteur.

Mme Cornu, la femme du peintre, qui était fille d'une ancienne femme de chambre de la Reine Hortense, avait conservé avec l'Empereur des relations que ses souvenirs d'enfance rendaient amicales. Elle était laide et fort bossue ; mais, par les soins de la Reine, qui avait observé chez cette enfant un rare esprit, elle avait été mise à même de recevoir une instruction supérieure dont elle sut profiter. Après l'Empire, elle s'établit à Paris, où elle ne tarda pas à se créer des relations nombreuses parmi des hommes de science et de talent. Elle habitait une fort modeste maison perdue dans le quartier des Invalides.

Elle y avait une sorte de cour. On lui croyait sur l'esprit de l'Empereur une influence dont elle ne se défendait pas. Ce qui donnait un caractère assez particulier aux relations de cette personne très dévouée à l'Empereur, c'est qu'elle était surtout entourée de gens mécontents et boudeurs qui comptaient sur elle, disaient-ils, pour faire parvenir au souverain leurs doléances et leurs observations. Elle ne se faisait pas faute de les communiquer, étant de ces courtisans dont le zèle est rude et peu bienveillant. Ses amis, gens de l'opposition, déposaient dans son esprit tous les griefs qu'ils croyaient avoir contre l'Empire. Elle les communiquait avec empressement à chacune de ses visites. La grande influence dont elle aimait à se parer ne dépassait pas la limite des affectueux souvenirs que l'Empereur gardait à tout ce qui avait approché la Reine sa mère.

Quoi qu'il en soit, lorsqu'il fut question du choix d'un précepteur pour le Prince Impérial, Mme Cornu fut chargée par le cénacle de ses amis de présenter M. Monnier, un homme très honorable et très savant, l'auteur d'une Histoire d'Alcuin, gouverneur de Charlemagne, mais qui n'avait aucune des qualités pédagogiques ou mondaines absolument indispensables pour diriger l'éducation d'un fils de souverain. Son autorité était nulle; son enseignement dépourvu de méthode était lourd, fatigant et décousu; son extérieur, vulgaire et négligé.

Il ne resta que fort peu de temps auprès du Prince, qui ne commença réellement à travailler que lorsque M. Monnier eut été remplacé par M. Filon, un jeune professeur de l'Université, qui avait toutes les qualités requises, et qui resta auprès du Prince Impérial jusqu'au moment où le Prince eut terminé ses études à l'école militaire de Woolwich.

Depuis qu'il était au monde, le Prince voyait autour de lui, autour de l'Empereur et de l'Impératrice, les mêmes personnes, et dans sa mémoire enfantine il se retraçait les recommandations qui lui étaient faites, d'être « galant pour les dames et poli pour tout le monde ». C'était la formule que l'excellente miss Schaw avait trouvée pour lui donner une notion exacte de ses devoirs. La galanterie pour les dames étant, pour un enfant de trois ans, une politesse recherchée, le Prince mettait une sorte de formalisme cérémonieux dans la façon dont il abordait les Dames de l'Impératrice, avec qui il était toujours resté un peu timide, ayant du reste une prédilection très décidée pour les hommes du service de l'Empereur, surtout pour les officiers, avec lesquels, tout petit, il aimait à s'entretenir des questions militaires, curieux, comme tous les enfants d'un naturel impétueux, de tout ce qui touchait à ce grand mécanisme de l'armée, dont chaque soldat était, à ses yeux, une unité mystérieuse et héroïque! On avait soigneusement écarté de la première éducation du Prince tous ces contes de nourrice qui troublent l'imagination des enfants. Mais la force de cette imagination enfantine, pour qui tout est merveille dans la nature, s'attache à mille sujets, se crée mille fantaisies, tant que la raison et l'expérience n'ont pas soulevé une partie des voiles qui enveloppent à nos yeux les phénomènes qui nous font vivre.

Pour le Prince Impérial, le soldat résumait, bien qu'il n'en eût qu'une notion confuse, tous les êtres chimériques, fées, géants, ogres, magiciens, dont la puissance surnaturelle devient, pour l'âme émerveillée de l'enfant, l'explication de tout ce qu'il ne peut concevoir.

On lui aurait dit : Un grenadier, avec sa baïonnette, a pris tout seul une ville d'assaut, qu'il l'eût cru volontiers.

Avec une attention qui ne se lassait pas, il assistait journellement au mouvement militaire des Tuileries, la garde montante et descendante, les postes relevés, la parade, les sentinelles mises en faction. Ce n'étaient pas les cent-gardes aux uniformes éclatants, chargés du service intérieur du palais, qui le frappaient le plus, mais le simple fantassin, le petit troupier en pantalon rouge, en schako, défilant crânement sac au dos devant ses fenêtres chaque matin. Accoutumé à l'enthousiasme que la présence de son père excitait, voyant tous ces hommes, dont il admirait la force, entourer l'Empereur de leur respect, le saluer d'ovations triomphales, il se sentait en sympathie de cœur avec eux et comme pris dans les liens d'une amitié précoce à laquelle chaque année devait apporter une force nouvelle, il avait pour l'armée une tendresse, une confiance qui répondait aux élans de son cœur enthousiaste et sensible, croyant dans chaque soldat reconnaître un ami.

C'était, agrandi par le cadre au milieu duquel il vivait, le même élan du vieux sang gaulois qui entraîne chez nous les enfants à suivre la troupe qui passe, fiers d'approcher le soldat, de marquer le pas à ses côtés !

Plus tard, lorsque l'idée de la patrie, dominant tout, apparut si grande à cette âme chevaleresque, son amour pour l'armée devait s'augmenter de toutes les espérances de relèvement qui reposaient en elle.

Le Prince, à Saint-Cloud, avait plus assidûment

auprès de lui son compagnon préféré, Louis Conneau, le fils du docteur Conneau, celui auquel il écrivait plus tard, de l'exil de Chislehurst, la lettre suivante, en lui envoyant une épée, le jour où le jeune homme, nommé officier, sortait de Saint-Cyr. Cette lettre peint d'une façon bien touchante l'affection qui liait le Prince Impérial à son ami :

« Cambden Place, Chislehurst, 23 juin 1876.

« Mon cher ami,

« Je viens, à mon retour du camp, de trouver une lettre dans laquelle vous m'exprimez un vœu qu'une confidence de votre père m'avait déjà fait connaître et que je me ferai un devoir et une vraie joie de réaliser.

« J'ai prié M. Clary de me trouver à Paris une lame extra-fine et d'ordonnance. Sur un côté de la lame je fais graver la dédicace, et sur l'autre un vieux cri de guerre de France, que je désire vous voir prendre comme devise, étant bien sûr que vous en serez toujours digne.

« Voici cette fière devise : « PASSE AVANT LE MEIL« LOR. » Vous passez avant le meilleur dans mon amitié, c'est pourquoi je souhaite que vous passiez avant le meilleur sur le champ de bataille et partout où le devoir pourra vous appeler.

« Mon affection pour vous est flattée par la pensée que c'est moi qui vous aurai donné l'épée qui sera, j'en suis sûr, l'instrument de votre fortune et de votre gloire à venir.

« Si j'ai la joie que j'ambitionne de combattre avec vous côte à côte, chaque coup que je vous verrai frapper, je me dirai : Mordieu ! l'épée vaut Conneau et Conneau vaut l'épée. Et la vue de votre courage me fera tressaillir d'aise. Si par malheur je ne suis pas avec vous pour partager les mêmes périls, si je ne puis un jour sabrer en aussi bonne compagnie, eh bien ! je serai encore content de penser que ce souvenir de notre étroite amitié vous suivra partout, et que, pendue du côté du cœur, cette bonne arme sera toujours prête à montrer que le vôtre est chaud et noble.

« NAPOLÉON. »

Le Prince Impérial était avec moi affectueux et confiant. Mon arrivée aux Tuileries l'avait beaucoup occupé. Un nouveau visage était un événement dans l'uniformité de sa vie d'enfant de souverain. Et puis j'avais à ses yeux le privilège de la jeunesse.

Un jour, à Saint-Cloud, après le déjeuner, comme je sortais du salon des Vernet pour aller prendre l'air dans le parterre, je rencontrai le Prince marchant difficilement, soutenu par M. Monnier. Il était extrêmement pâle, paraissait beaucoup souffrir, et faisait tous ses efforts pour retenir les larmes prêtes à couler.

Je lui demandai aussitôt ce qui lui était arrivé.

— Je suis tombé du haut de la gymnastique en courant sur la poutre, me dit-il, et je me suis fait très mal! Et ses sanglots éclatèrent. Il me montra sa petite main tout enflée. Il s'était foulé le petit doigt et fortement contusionné : nous le conduisîmes aussitôt auprès de miss Schaw; à peine dans ses appartements, il fut pris de vomissements comme cela arrive parfois après une grande secousse. Le Prince avait eu cette année-là une forte rougeole : les suites de cette maladie habituelle à l'enfance sont toujours redoutables. M. Barthez, le médecin du Prince, afin de rassurer le public, inquiet d'une maladie prolongée, autorisa une sortie, peut-être prématurée, le 16 mars, jour anniversaire de la naissance du Prince. Il faisait un très grand froid, et, malgré toutes les précautions prises, le Prince, en rentrant, eut des frissons et fut assez incommodé. Quoi qu'il en soit, à la suite de la rougeole et de cette chute, il resta pâle et fatigué, ayant de fréquents maux de tête, et bientôt se déclara un abcès profond qui nécessita une opération pendant laquelle il montra, malgré son jeune âge, autant de fermeté que de patience.

L'Empereur mettait à l'aise son cœur paternel pour adorer ce fils né dans son âge mûr, l'espoir de sa race, se délassant dans cet amour de la contrainte de la politique et des affaires. Le Prince était le maître absolu de la volonté, du cœur de son père; l'Empereur se laissait dominer et en convenait ingénument, riant des espiègleries de son fils, qui, tout en étant très accessible à la raison, n'en était pas moins turbulent et entreprenant à l'excès. Jamais l'Empereur ne lui fit une seule observation. Lorsque le Prince avait six ou sept ans, avant la période des études, l'Empereur le retenait souvent auprès de lui pendant les graves conversations d'affaires ; parfois le Prince interrompait ses jeux pour écouter, et, prenant la parole, disait son mot : l'Empereur souriait, attirait son fils et l'embrassait en disant :

— Tu trouves, Loulou...?

L'Impératrice alors reprenait le Prince, lui faisant remarquer qu'un enfant bien élevé doit se taire quand les grandes personnes causent.

— Laisse-le, disait l'Empereur : j'aime beaucoup à entendre son avis.

Aux Tuileries, les jours de congé, le Prince Impérial et ses amis organisaient des chasses à courre après le dîner dans le salon d'Apollon. Il y avait au milieu de ce salon un immense pouf en brocatelle qui figurait les obstacles. L'un d'eux était la bête, et on lui donnait la chasse en imitant les aboiements des chiens et les fanfares. C'était bientôt un vacarme épouvantable. L'Empereur disait doucement :

— Ils font bien du bruit. Mais il aurait regretté qu'on leur imposât silence.

Au fond, l'Empereur comptait sur l'Impératrice ! Il savait que la mère était là, vigilante et dévouée, voulant, comme lui, faire de ce fils un honnête homme, un grand souverain pour la France, qu'ils confondaient avec leur enfant dans un même amour.

CHAPITRE VIII

Direction maternelle. — Les intérêts du Prince Impérial en exil. — Vigilance de l'Impératrice. — La fortune de l'Empereur. — Les diamants de Marie-Antoinette. — Le testament de l'Empereur. — Départ du Prince Impérial pour le Zululand. — M. Rouher. — La mort du Prince Impérial. — Carrey. — Le général Wood. — Le colonel Villers. — Récit des Zoulous. — Ulmann. — La selle rompue. — Le cortège du soldat.

Lorsque le Prince devint un homme, dans ses yeux bleus pleins de lumière, dans ses exquises façons, on retrouvait le regard, la grâce de sa mère; de même que, dans son caractère, dans le respect de tous ses devoirs, qu'il portait jusqu'au degré le plus élevé de la dignité humaine, on retrouvait la trace de la direction maternelle qui depuis l'enfance avait agi sans relâche sur son cœur et sur son esprit.

L'Impératrice veillait elle-même à tous les détails de l'hygiène, des distractions, de l'éducation de son fils, développant par des encouragements les qualités natives, réprimant les petites fautes naturelles aux enfants les mieux doués. C'est surtout dans l'heureux choix de tout ce qui entourait le Prince que se révéla la sollicitude de l'Impératrice. Tous étaient capables, à tous les degrés, d'inspirer sans défaillance au fils de Napoléon III le respect des grands devoirs qu'il aurait un jour à remplir.

Lorsqu'après la guerre, miné par la douleur et par la maladie, l'Empereur, dans toute la plénitude de ses facultés, sentit la mort s'approcher, dans l'effusion de son âme sensible, il confia le fils à sa mère et ne songea point à prendre d'autres dispositions d'avenir.

La tâche de l'Impératrice devint alors bien difficile, seule auprès du Prince pour le mettre à l'abri de toutes les embûches, sans éloigner de lui aucune sympathie, alors que la grande autorité de l'Empereur pour tout maintenir, tout concilier, faisait défaut. En 1874, l'année qui suivit la mort de l'Empereur, la majorité politique du Prince Impérial, qui venait d'atteindre ses dix-huit ans, fut proclamée en Angleterre au milieu d'un concours imposant d'impérialistes.

Dès lors, le Prince ne tarda pas à être entouré par des solliciteurs nombreux, dont le but était d'obtenir des subsides destinés à créer des organes de propagande.

Le cœur de l'Impératrice était resté tout palpitant des gages d'attachement que pendant seize années elle avait vu le pays prodiguer à l'Empereur. Elle avait le droit de penser que Napoléon IV régnerait. Mais elle avait trop de perspicacité pour partager les illusions de ceux qui journellement venaient à Cambden, en disant :

— Faites un dernier effort, et le pays est à nous. Le Prince n'aura plus qu'à paraître ; il sera acclamé.

L'Impératrice sentait qu'il fallait du temps ; qu'il fallait laisser s'user les hommes et les événements. Son fils n'avait que vingt ans. Elle pouvait tout espérer. Mais il fallait faire durer les ressources, ménager les intérêts du Prince.

— La fortune de mon fils c'est sa dignité, disait l'Impératrice, et je la sauvegarderai à tout prix. Je ne veux pas le voir réduit à accepter des subsides qu'un chef de parti paie toujours de certaines concessions, qui aliènent son indépendance, et deviennent nuisibles aux intérêts de sa cause. Un Prince sans patrimoine est facilement traité en aventurier. S'il ne doit pas régner, que sa vie du moins soit honorable et libre. Qu'il ait le droit de faire un mariage de son choix, et s'il faut qu'il subisse les rigueurs de l'exil, que le tracas des embarras pécuniaires, si pénibles avec sa naissance, avec le nom qu'il porte, lui soient épargnés.

Toutes les mesures de préservation avaient été prises dans cet esprit, pour que le Prince, à ses débuts dans la vie politique, fût armé même contre les entraînements de ses meilleurs amis. Le Prince était la dignité et la raison mêmes. Il avait vingt-trois ans lorsqu'il périt au Zoulouland : il pouvait encore à cet âge, dans les affaires d'intérêt, s'en référer à sa mère, à qui en réalité appartenait la très grosse part de la fortune, et qui ne vivait que pour soutenir sa cause et pour l'aimer. Il y avait autour du Prince tout un parti politique admirablement organisé, un gouvernement, une administration, prêts à fonctionner. Cependant, au milieu des dévoûments ardents, se glissaient certaines défaillances, inévitables dans un parti nombreux.

Des hommes politiques ne craignaient pas de venir dire aux exilés de Cambden :

— Si vous ne me faites pas les douze mille francs de rente de mon siège à la Chambre, comme je n'ai pas de fortune, je serai obligé de servir la République.

A quoi l'Impératrice répondait :

— Nous regrettons bien de ne pouvoir payer votre dévoûment aussi cher.

De même pour certains pamphlets toujours à vendre.

— Dites à M. X... que je ne suis pas assez riche pour payer tous les mauvais livres qu'il lui plaira d'écrire.

Il n'y avait pas seulement les dévoûments aventureux, les amis besogneux, mais un grand nombre d'intrigants à éconduire.

En moins de deux années tout eût été dissipé si on avait répondu seulement à une partie des appels de fonds faits en dehors de la presse impérialiste, alimentée en grande partie par la fortune de l'Impératrice sous la direction de M. Rouher.

C'est là et dans les frais électoraux que passait tout le luxe; et cela constituait, avec le budget des secours, des charges énormes pour une fortune privée.

L'Impératrice ne voulait pas laisser à son fils le regret d'un refus lorsque des partisans venaient mettre leur dévouement à sa disposition en lui demandant un appui pécuniaire, et il avait été convenu entre eux que ce serait avec l'Impératrice seule que l'on traiterait toutes les questions d'intérêt.

Lorsque, dans un entretien avec le Prince, on abordait les chiffres :

— Veuillez, répondait-il invariablement, causer de cela avec l'Impératrice.

Ses interlocuteurs le quittaient charmés, enthousiasmés de son caractère, de la netteté de son jugement, de sa connaissance des affaires, et l'Impératrice se réservait d'attirer sur elle seule le petit sentiment d'amertume qui suit toujours un refus.

On devine comment s'est formée la légende de parcimonie attribuée à l'Impératrice, et dont on a été jusqu'à prétendre que son fils aurait souffert.

On a même glissé des insinuations outrageantes au sujet du testament de l'Empereur, fait en avril 1865, à l'apogée de sa puissance et qui fut trouvé à Cambden après sa mort. On s'est étonné qu'il n'y en eût point d'autre.

Après la guerre, à l'exception d'une rente médiocre sur le Mont de Milan, héritage de la famille Bonaparte, l'Empereur n'avait aucune fortune. Les vingt millions de liste civile avaient été chaque année intégralement dépensés en France, en secours et dons de toute sorte, fondations populaires, encouragements aux arts, embellissements des palais et édifices nationaux, fêtes qui répandaient l'aisance dans la population ouvrière, réceptions somptueuses qui attiraient chez nous tous les Princes de l'Europe.

Le 4 septembre à Sedan, l'Empereur avait dans ses coffres un million, qu'il fit distribuer aux soldats emmenés en captivité, sans même se préoccuper alors de réserver le nécessaire pour ses besoins immédiats.

Sans les biens que l'Impératrice possédait en Espagne, la famille impériale exilée eût été subitement réduite à la gêne la plus étroite.

Plus tard, l'Impératrice vendit ses pierreries. C'étaient des présents que l'Empereur lui avait faits au moment de son mariage, à de certains anniversaires. Un seul collier de perles, celui que l'Impératrice portait à Notre-Dame le jour de ses noces, valait 1 200 000 francs. Il y avait aussi deux pendants d'oreilles formés de deux gros brillants et de deux pendeloques de diamant taillées en poire qui venaient de la Reine Marie-Antoinette. Ces diamants avaient été achetés par la Reine au joaillier Boehmer. Six grosses poires semblables, d'une pureté et d'un éclat merveilleux, étaient montées en girandole. Ce bijou avait la plus grande valeur par la beauté et la forme très rare des brillants. Marie-Antoinette l'avait payé sur sa cassette en quatre ou cinq annuités. Il devint l'origine de la malheureuse affaire du collier, qui eut des conséquences si fatales. Après la Révolution, les pierreries avaient été dispersées. Deux de ces brillants montés en pendants d'oreilles furent présentés à l'Empereur au moment de son mariage : il les mit dans la corbeille de noces de l'Impératrice. Les bijoux de Sa Majesté n'avaient aucun rapport avec les joyaux de la couronne, dont chaque pierre, soigneusement cataloguée, avait sa désignation et son emploi. Le trésor intact en fut vendu, il y a peu d'années, par les soins du gouvernement de la République.

L'Impératrice, préférant puiser dans son écrin personnel, ne s'en parait que dans les cérémonies officielles. Alors, M. Thélin, le trésorier de l'Empereur, allait lui-même au trésor, se faisait remettre, contre un reçu, les parures désignées par l'Impératrice, et les rapportait avec le même soin.

L'Empereur ne songea jamais à se faire honneur de son dépouillement : pourquoi aurait-il fait un nouveau testament ? Tous les conseils, toutes les vues pour l'avenir, toutes les recommandations, l'Empereur les échangeait journellement dans des entretiens familiers avec sa femme, avec son fils. Au milieu des circonstances pleines d'écueil où l'on se trouvait, lorsque chaque jour les événements se déroulaient, amenant quelque complication imprévue, n'y aurait-il pas eu témérité, de la part de l'Empereur, à fixer une ligne de conduite capable à un moment donné de créer des entraves aux siens ?

Ce silence de l'Empereur était en même temps le gage le plus honorable, le plus touchant de sa confiance dans la tendresse maternelle, la sollicitude de l'Impératrice, dans l'union intime de leurs pensées sur la tête d'un fils également cher à tous deux.

L'Empereur croyait à l'avenir de sa dynastie; il pensait que l'esprit de la nation lui reviendrait. Il conservait toutes ses espérances. N'était-il pas plus digne de son nom, digne de son long règne, de ne point annuler le testament fait aux Tuileries, où il parlait en souverain? N'était-ce pas faire là un acte de bonne politique, en même temps qu'un acte de dignité très haute? En effet, un testament fait en exil devenait une sorte d'acquiescement à la déchéance, sur laquelle la nation n'avait point été appelée à se prononcer. Doit-on s'étonner qu'on n'y ait point songé?

On a parlé de la mélancolie du Prince Impérial, de l'ennui qui le rongeait, de l'isolement dans lequel il vivait, ne se mêlant pas à la vie mondaine des Anglais, chez lesquels il trouvait une sympathie, une déférence même que d'ordinaire on n'inspire pas à cet âge. Ceux qui ont eu l'honneur de vivre dans l'intimité du Prince Impérial l'ont connu tout autre : il était exubérant, gai, très en train, mais aimant par-dessus tout à vivre chez lui. L'Impératrice avait mille peines à le déterminer à se produire.

Trop intelligente pour ne pas chercher à grandir son fils de toutes les manières, l'Impératrice voulut lui créer à Londres un intérieur digne de son rang, où le Prince eût pu tenir son cercle, recevoir librement, paraître dans tout le charme de sa personnalité.

Plusieurs fois Sa Majesté alla à Londres avec le Prince, afin de choisir un hôtel en vue de cette installation.

Toujours le Prince s'y refusa, suppliant l'Impératrice de lui épargner un arrangement qui serait devenu pour lui une source d'obligations qu'il lui en coûtait de subir. Ses travaux, les quelques amis qui se renouvelaient autour de lui, voilà ce qu'il aimait. Il éprouvait plus de joie et de bonheur dans son intimité, causant librement de tout ce qui l'intéressait, de tout ce qui le préoccupait, faisant quelques excursions, quelques courses avec des camarades, que dans toutes les fêtes, tous les raouts de la société anglaise, où il allait beaucoup plus par devoir et par courtoisie que par goût.

Aimable, affectueux et bon pour tous ceux qui vivaient près de lui, jamais aucun de ceux-là n'a vu le Prince ayant seulement l'air de s'ennuyer. Le Prince vivait avec l'Impératrice comme un fils chéri, libre, aimant, et sur un pied de familiarité affectueuse et confiante. J'ai vu plus d'une fois le Prince Impérial saisir l'Impératrice dans ses bras et la monter en courant jusque dans ses appartements, sans que Sa Majesté ait pu s'en défendre.

Au commencement de son séjour à Woolwich, il voulait un jour que l'Impératrice revêtît son costume de cadet.

— Maman, je vous en prie! Ce sera si amusant de vous voir en uniforme! Et il posait sur la tête de sa mère la petite toque plate, et il fallut que l'Impératrice endossât la veste.

Le Prince ne tenait même pas à voyager. Il se plaisait « at home », comme disent les Anglais.

Sa vie pouvait paraître mélancolique, assurément! Mais c'était la vie de son choix, et, dans la situation que les événements lui créaient, rien ne lui semblait attrayant en dehors du cercle familial où, au milieu de visages amis, de ses serviteurs, au milieu de ses habitudes traditionnelles en quelque sorte, il retrouvait l'atmosphère du pays. Nul plus que le Prince n'a souffert des amertumes de l'exil. Il subit le martyre de toutes les douleurs, de toutes les souffrances de la Patrie. Il les recueillait avidement dans son âme si pure, avec le généreux espoir d'en effacer la trace. Il fut, hélas! le martyr des événements; du moins ceux qui l'ont assisté durant ces lentes années d'exil ont la consolation d'avoir entouré sa jeunesse des seuls adoucissements qui aient pu alléger des peines profondément senties, mais qui n'altérèrent jamais le charme d'une humeur égale et enjouée.

Son âme était supérieure à la mauvaise fortune, et ce n'est pas dans une vie légère et dissipée qu'il eût cherché une diversion aux grandes perplexités qui sans relâche assiégeaient ses pensées.

Un conte absurde a couru sur une prétendue liaison du Prince Impérial qui aurait eu pour conséquence la naissance d'un fils aujourd'hui abandonné. Hélas ! au fond de son cœur livré aux plus amers regrets, c'eût été pour l'Impératrice une consolation infinie de voir revivre auprès d'elle un être qui eût été le souvenir vivant de son enfant.

Si le Prince Impérial avait eu un fils, tous nous l'aurions su.

A son insu, n'y avait-il pas autour de lui cette vigilance étroite commandée par des raisons d'ordre politique ? Ne savait-on pas que journellement le Prince était exposé à un guet-apens ? Très souvent il arrivait à Cambden certaines rumeurs inquiétantes sur les projets des gens de la Commune réfugiés à Londres, sur les menées des réfugiés italiens. On en était averti par la police même de Londres dont la vigilance, à la suite des ordres particuliers de la Reine, était toujours en éveil autour du Prince Impérial. Nous savions tous que, dès que le Prince prenait un billet de chemin de fer à une station quelconque, le télégraphe jouait et on était prévenu sur tout le parcours. Toutes ses relations, toutes ses intimités ont été parfaitement connues. Il suffit du reste de parcourir la correspondance attribuée au Prince pour reconnaître qu'il n'y a là qu'une supercherie grossière.

D'abord ces lettres, au nombre de cinq ou six et fort insignifiantes, sont signées Lewis ou Walter Lewis. Or quiconque a connu le Prince Impérial peut affirmer que jamais pour une cause quelconque le Prince n'aurait songé à donner à son nom un caractère étranger. Pour lui, ç'aurait été renier son nom. Jamais il ne l'eût fait. Ensuite ces lettres contiennent certaines formules que le Prince Impérial n'avait jamais entendu prononcer, parce qu'elles ne sont en usage que dans un milieu social auquel il était complètement étranger; et il ne les eût pas trouvées de lui-même. Voici un fragment d'une de ses lettres datées de l'Arsenal de Wolwich que le Prince avait quitté depuis trois ans, en 1878, époque de cette correspondance :

« Ma chère Charlotte,

« J'ai été très malheureux de n'avoir pu vous
« rencontrer ainsi qu'il était convenu. J'avais
« aussi l'intention d'aller à Jermyn-Street hier,
« mais j'en ai été empêché parce qu'il y avait

« *quelques messieurs chez nous* et que j'étais obligé
« de rester à dîner.

« *Écoutez:* voulez-vous *me rencontrer* mercredi
« dans l'après-midi à notre rendez-vous habituel,
« près de la station de Cannon-Street? De là,
« nous *irons alors* à Piccadilly et *nous visiterons*
« *un peu les magasins.*

« *Signé:* Walter Lewis. »

« *Il y avait quelques messieurs chez nous* » :
l'allure seule de cette phrase digne de la plume
d'un apprenti cordonnier dispense de tout autre
commentaire; de plus, le Prince Impérial, très
connu dans les magasins élégants de Piccadilly,
où il allait souvent avec l'Impératrice et même
avec quelqu'une de nous, n'aurait jamais eu
l'amoureuse pensée de s'y montrer en galante
aventure.

Il est fort possible que l'on ait abusé du nom du
Prince, que quelque jeune Français, comme il y en
a tant dans de petits emplois en Angleterre, ait
trouvé plaisant de jouer le rôle d'Almaviva auprès d'une Rosine de rencontre. Nous avons toujours pensé que cette intrigue, grâce à laquelle on

a cherché à s'introduire auprès de l'Impératrice après la mort de son fils, pouvait avoir cette origine. On est stupéfait en voyant que la crédulité de certaines personnes est prête pour toutes les fables. Mais, je le répète, il n'y eut dans la vie du Prince Impérial aucun mystère pour ceux dont la sollicitude était éveillée sur toutes ses actions.

Nul ne peut apprécier, s'il n'a connu personnellement le Prince Impérial, la supériorité de ce caractère, le courage, l'abnégation chevaleresque d'un jeune Prince si bien doué pour soutenir son rôle de prétendant, pour susciter l'enthousiasme, pour entraîner, fanatiser ses partisans.

Aucun effort ne lui coûtait pour acquérir les connaissances nécessaires au souverain d'un grand pays, pour s'instruire de tout ce qui touchait aux intérêts du peuple; il étudiait passionnément l'histoire, étonnant les hommes d'État les plus graves par ses réflexions sur les questions d'ordre politique qu'on lui soumettait.

Puis, et c'était son grand charme, plein de vie, d'animation, il retrouvait instantanément une aménité séduisante dès qu'on abordait les affaires personnelles : jamais âme plus pure, en effet, plus noble, ne sut, avec une aussi touchante simplicité, se dévoiler à ceux qu'il aimait.

Le 16 mars 1879, le Prince Impérial venait d'entrer dans sa vingt-quatrième année. Depuis neuf ans il était exilé. Ce laps de temps, qui en avait fait un homme, avait passé si vite que le Prince, les yeux incessamment tournés vers la France, n'avait pour ainsi dire pas eu conscience d'un si long éloignement.

Son parti représentait alors une fraction importante de la nation; il était dirigé par des chefs résolus, dévoués, pleins de talent, disposant d'une grande autorité, avec lesquels il fallait compter dans le Parlement.

Bien des mécomptes avaient suivi, après la guerre, la constitution de la République, avec laquelle semblaient devoir s'effacer toutes les divisions et commencer une ère de progrès et de prospérité inconnus. L'agriculture subissait une crise terrible; la propriété était ruinée. L'industrie, naguère si florissante, semblait frappée d'atonie, notre marché financier s'appauvrissait. Les affaires étaient languissantes et les impôts nouveaux pesaient d'autant plus lourdement que les ressources se faisaient plus rares.

Des menaces perpétuelles, venues de l'étranger, plongeaient la nation dans un état d'énervement précaire.

C'est à ce moment précis, en 1879, que se produisit le drame du Zululand. Il était nécessaire de rappeler sommairement quel était alors l'état des esprits en France pour en expliquer les origines encore confuses.

On a mêlé certains récits romanesques aux causes qui ont entraîné le Prince Impérial dans ce fatal voyage.

Le Prince appartenait trop passionnément à son pays pour qu'aucun entraînement, aucun attachement étranger eût pu le distraire de son grand rêve, de son dévouement à la France, son unique amour, à la grandeur de son nom.

Souvent les plus graves événements se préparent par des causes minimes en apparence.

Après deux années passées à l'École militaire de Woolwich, où le Prince Impérial avait complété ses études françaises en suivant, non sans de grands efforts, l'enseignement spécial destiné à de jeunes Anglais dont les études avaient, dès l'origine, une direction différente de celle que l'on reçoit en France, le Prince avait été attaché comme officier à un régiment d'artillerie anglaise.

Sans faire un service régulier, il y comptait à titre étranger, et, vivant à Camden, auprès de l'Impératrice, il rejoignait son régiment chaque année, pendant les grandes manœuvres, au camp d'Aldershoot. Là, vivant familièrement au milieu des officiers, populaire parmi les soldats, par sa rare courtoisie, son entrain, son esprit bien français, il s'était créé de nombreux amis.

La guerre du Cap avait, pour l'Angleterre, une importance dont la portée nous échappait.

L'armée anglaise était animée d'un ardent enthousiasme; tous les officiers demandaient à partir. Le régiment du Prince fut désigné pour faire la campagne. Le Prince, militaire dans l'âme, éprouvait un regret profond de ne pas suivre ses compagnons d'armes.

Un officier de sa batterie vint un matin à Chislehurst pour lui faire ses adieux.

En disant son bonjour habituel à l'Impératrice, le Prince lui présenta les hommages du jeune officier, qui n'avait pu prendre congé lui-même à cause de l'heure matinale. Il ajouta qu'il irait dans la journée à Londres, afin de lui rendre sa visite et de le revoir encore avant son départ. L'Impératrice le chargea de remettre à ce jeune homme le même souvenir qu'elle avait offert à ses autres camarades.

Lorsque le Prince rentra pour le dîner, il était tellement gai, tellement joyeux, que l'Impératrice lui demanda dans la soirée :

— Qu'est-ce que tu as donc aujourd'hui ? On dirait que tu as gagné le gros lot à la loterie ?

Le Prince lui répondit que, en effet, il était très heureux et qu'il lui en dirait la cause.

— Mais pas ce soir, pour ne pas troubler votre sommeil.

C'en était assez pour agiter l'Impératrice. Elle quitta le salon plus tôt que de coutume. Lorsque le Prince vint chez elle pour l'embrasser, comme il le faisait chaque soir, elle insista pour qu'il lui fît de suite sa confidence.

— Autrement, dit-elle, je croirai que tu pars pour le Zululand !

— Eh bien ! maman, c'est cela. Je suis allé

aujourd'hui chez le duc de Cambridge ; je l'ai instamment prié de m'obtenir une autorisation du gouvernement anglais pour partir. C'est en lui affirmant que vous ne vous y opposeriez pas, qu'il m'a promis de transmettre ma demande. Ne m'en parlez pas ce soir : vous me feriez de la peine. Pensez-y, et nous en causerons demain.

L'Impératrice passa une nuit affreuse. Le lendemain, lorsque le Prince vint la trouver, elle lui parla avec beaucoup de calme et de tendresse.

— Tu es un homme, lui dit-elle, tu as vingt-trois ans : tu pourrais régner en France. Tu es donc absolument libre d'agir suivant ta conscience et ta volonté. Mais je suis ta mère, et j'ai le droit de te rappeler tout ce que tes devoirs t'imposent. Je ne te parlerai pas de moi : je n'ai plus que toi à aimer sur la terre, et la seule chose que je souhaite, mon enfant, c'est de te voir heureux. Mais tu te dois à ton pays avant tout, à ton parti, qui est dévoué, nombreux, ardent, dont tu es l'espérance et l'appui. Tu n'es pas libre. Tu dois avant tout songer à sauvegarder les intérêts de tous ceux qui comptent sur toi. Beaucoup d'entre eux ont fait à ton père et à toi de grands sacrifices

S'il t'arrivait malheur, si tu venais à leur manquer, tu te mettrais dans la situation d'un banquier qui cesse de faire honneur à ses engagements.

— J'y ai longtemps réfléchi, dit le Prince. Mon départ n'est pas un simple entraînement de jeunesse vers les aventures : c'est pour mes amis que je veux partir. En France, peu de personnes me connaissent. Mon souvenir y est resté comme celui d'un enfant; on m'appelle toujours « le petit Prince ». Mes meilleurs amis ont parfois des vues différentes. On dit que je suis conduit tour à tour par M. Rouher, par le général Fleury, par tels et tels, par vous-même. En un mot, il ne semble pas que j'aie une personnalité propre. Je ne puis pas avoir d'autorité, je ne serai considéré que comme un instrument tant que je n'aurai pas fait acte de volonté personnelle. J'use ma jeunesse au milieu de tiraillements politiques sans intérêt pressant. Si je revenais après m'être distingué, quelle force j'apporterais à mes amis ! quelle autorité n'aurais-je pas alors ! Mon père, à mon âge, a fait de grands voyages. L'inaction est odieuse. Et puis, quelle sera ma position vis-à-vis de tous ces jeunes gens anglais qui m'ont ouvert leurs rangs lorsqu'ils reviendront ? Irai-je encore réclamer ma place parmi eux pour parader dans des revues lorsqu'ils auront été se faire tuer sans moi? Permettez-moi d'aller gagner mes éperons de chevalier pour la gloire de notre nom, pour notre honneur à tous.

L'Impératrice hésitait à désespérer son fils, dont la vie était si loin de celle qu'elle avait eu le droit de rêver pour lui. Pensant que la reine Victoria empêcherait le départ, elle parut céder.

Le Prince, alors se jetant dans ses bras et la tutoyant pour la première fois de sa vie :

— Tu es la plus courageuse des femmes, lui dit-il : tu es bien ma mère ! Jamais je n'oublierai ce que tu fais pour moi.

Puis aussitôt, et ne doutant plus que l'autorisation lui fût accordée, il commença ses préparatifs de départ.

Le surlendemain, l'Impératrice allait avec le Prince à Londres, pour différents achats.

Sa Majesté ne connaissait pas la réponse attendue par le Prince.

— Je n'ai pas de chance, répétait-il : on ne voudra pas me laisser partir.

L'Impératrice cherchait à le calmer.

— Eh bien ! non, dit-il. Ils ne veulent pas de moi. Ils refusent. Voilà la lettre du duc de Cambridge.

Ils étaient seuls dans le wagon.

Le Prince éclata en sanglots.

— Ses larmes étaient si violentes, me disait l'Impératrice, qu'elles jaillissaient, comme d'une source, hors de ses paupières.

En arrivant à Londres, le Prince se rendit chez le général Simmons, l'ancien gouverneur de Woolwich pendant son séjour à l'école.

Il le conjura de venir avec lui chez le duc de Cambridge pour faire une nouvelle tentative.

Le général Simmons engagea le Prince à écrire, en lui promettant de porter lui-même sa lettre.

Le Prince courut à son cercle, d'où il écrivit une lettre admirable.

Le lendemain, le duc de Cambridge ayant communiqué cette lettre au conseil des ministres, on résolut d'accorder l'autorisation.

Trois jours après, le Prince partait, sans qu'aucune intervention ait pu le retenir.

Dès que sa volonté fut arrêtée, le Prince Impérial écrivit lui-même à M. Rouher pour lui annoncer sa résolution.

Quel a été le caractère du rôle rempli par M. Rouher sous l'Empire? Il aimait profondédément l'Empereur. Il l'aimait avec un dévouement personnel à toute épreuve et se croyait de bonne foi le serviteur désigné et indispensable de l'Empire, chargé d'appliquer dans le pays les larges vues que l'Empereur avait conçues pour le développement de notre prospérité intérieure. Négociateur des traités de commerce qui inaugurèrent le libre-échange, il déploya des qualités de légiste hors ligne, mettant au service des idées nouvelles une clarté, une lucidité merveilleuses pour créer une législation toute nouvelle qui devait embrasser des intérêts universels, où il fallait tout préciser, tout prévoir. Il avait l'intégrité, la persévérance laborieuse, la ténacité, la docilité de sa race estimable; il n'avait peut-être pas une nature assez fine, assez élevée, pour bien saisir les idées de l'Empereur, pour les appliquer. Il lui manqua cette clairvoyante abnégation qui parfois impose aux hommes d'État le sacrifice de leur personnalité pour assurer le succès de la cause qu'ils sont chargés de défendre. De bonne foi et très consciencieusement il se croyait indispensable. Il fut en réalité « l'avocat de l'Empire ».

Son ministère fut un long plaidoyer, et, comme la cause qu'il soutenait était bonne et sympathique, il n'eut pas de peine à être un avocat toujours écouté. Mais le talent, le dévouement ne suffisent pas chez les hommes de gouvernement : on leur demande du génie. Il avait de l'autorité, de la force sur ses partisans, admirablement disciplinés : il n'a jamais rien su gagner sur ses adversaires. Son grand talent de parole n'agissait que sur des amis. La souplesse, le charme, le trait, qui enlacent et qui désarment, l'atticisme que M. de Morny portait jusqu'à la perfection, et grâce auquel tant d'opposants furent ramenés, manquait absolument à M. Rouher. Toujours fortement armé, il n'essayait pas de convaincre : il entendait vaincre. Il se lançait au cœur du débat avec une vaillance intrépide ; mais, si la victoire semblait hésiter, s'il sentait la majorité chancelante, au lieu de couvrir l'Empereur de sa responsabilité de ministre d'État, il n'hésitait pas, comme argument suprême, à déchirer le voile, et, désignant le souverain, il disait :

— Voilà sur qui vous allez frapper.

Il emportait un vote, et ce n'était pas M. Rouher, c'était l'Empereur qui était atteint par le coup qu'il devait détourner.

Sous son ministère, l'opposition s'organisa, se fortifia et grandit.

Comme homme privé, M. Rouher avait les qualités les plus attachantes : il était bon, simple, intègre, très grand travailleur, vivant sans morgue au milieu des siens, paternel et bienveillant, dévoué à ses amis. Le départ du Prince Impérial le plongea dans une douleur sans égale. Il avait pour le Prince tout à la fois l'affection d'un père, l'attachement d'un serviteur et d'un fidèle sujet. Il comprit aussitôt les conséquences possibles d'un pareil événement : il accourut en Angleterre. Chef du parti impérialiste, désigné par l'Empereur à la déférence de son fils, seul il pouvait le retenir. Il n'eut pas l'autorité politique nécessaire pour convaincre cette jeune âme ardente et fière, héroïque et cependant prête au sacrifice si on avait pu lui démontrer le mal qu'il faisait à la France en s'éloignant, en exposant sa vie.

Une sinistre légende a couru sur la mort du Prince Impérial. Bon nombre de personnes croient encore que ce douloureux événement cachait un crime prémédité. Cet affreux soupçon doit être écarté, et les amis du Prince aimeront mieux avoir la certitude qu'il est mort glorieusement à l'ennemi, non pas assassiné.

Le voyage que fit au Zululand l'Impératrice elle-même, afin de tout voir, de tout savoir sur les derniers moments de son fils bien-aimé, l'enquête minutieuse ordonnée par la reine Victoria, qui envoya au Cap une mission chargée de recueillir tous les incidents qui avaient accompagné la mort du Prince; le témoignage de tous ceux qui ont assisté à l'événement, tout prouve que c'est la lâcheté, non pas la trahison, qui l'abandonna seul au milieu des Zoulous qui l'ont massacré.

Si le nom de Carrey, l'officier qui commandait le détachement dont faisait partie le Prince Impérial au moment où il a trouvé la mort, est devenu odieux dans l'armée anglaise, c'est parce qu'il déshonora l'uniforme en fuyant lâchement, non parce qu'il a livré le Prince à des assassins.

Le 1ᵉʳ juin 1879, le capitaine du génie Carrey reçut l'ordre d'aller dresser des plans pour étudier l'emplacement d'un nouveau camp que devait occuper l'armée. Le Prince exprima le désir de se joindre à cette petite expédition, et, vers une heure, suivi de son groom Lomas, du capitaine Carrey et de huit hommes d'escorte, il quittait le camp sous la conduite d'un Zoulou ami, qui devait les conduire vers la rivière d'Ityotiozi, le point à explorer, dont les Zoulous venaient d'être récemment délogés par les troupes anglaises.

On avançait lentement au milieu des hautes herbes qui entravaient la marche du guide.

A un kilomètre du camp, le Prince en fit l'observation :

— Nous irions plus vite si le guide était monté, dit-il.

Et appelant son groom, il lui donna l'ordre de céder son cheval au Zoulou et de retourner au camp à pied.

Cet homme hésitait à obéir.

Il fit observer au Prince que peut-être sa présence serait nécessaire.

— Que voulez-vous qu'il arrive? dit le Prince : les hommes d'escorte sont là qui vous remplaceraient au besoin.

Sur un ordre réitéré, Lomas laissa son cheval au Zoulou et regagna le camp.

La petite troupe, alors, prit une allure plus vive, et, vers trois heures, on arrivait sur le lieu d'exploration.

On était au bord de la rivière, auprès d'un kraal, ou village, récemment abandonné et en partie brûlé, et tout entouré de champs de blé, mûr pour la moisson.

Le Prince mit pied à terre. Carrey donna l'ordre de dessangler les chevaux. Mais celui du Prince ne fut ni dessanglé, ni débridé ; un homme le prit en main, et le Prince se mit en devoir de dresser la topographie du pays.

Vers quatre heures moins un quart, le capitaine Carrey demanda au Prince s'il était disposé à partir.

— Je vous demande encore dix minutes

pour terminer mon travail, répliqua le Prince.

Carrey donna l'ordre de ressangler les chevaux, et, les dix minutes écoulées, le Prince lui-même ordonna de se mettre en selle. Il replaça dans les poches de son dolman les carnets de service sur lesquels il avait fait sa levée de plans et on lui amena son cheval.

A ce moment même, une bande de Zoulous — ils étaient trente-six, venus là sans doute pour surveiller leurs récoltes — voyant une petite troupe de soldats anglais, s'étaient avancés en rampant à travers les blés sans être aperçus. Ils s'élancèrent en brandissant leurs zagaies et en poussant des cris sauvages. Carrey et les soldats anglais lancèrent leurs chevaux et s'enfuirent. Le Prince Impérial, qui n'était pas encore à cheval, saisit le quartier de sa selle pour s'élancer. Très leste, très agile, constamment il sautait à cheval sans le secours des étriers.

Le cheval, voyant fuir les autres chevaux, voulut les suivre sans doute; il dut donner une violente secousse. Le quartier de la selle, une selle d'ordonnance, céda sous la main du Prince, et se déchira comme une feuille de papier. Le Prince fut renversé. Il se releva aussitôt; son cheval était déjà loin. Embarrassé par ses lourdes bottes, il fit dix mètres en courant ; puis, se sentant poursuivi, prêt à être rejoint par les Zoulous, il se retourna, tira son sabre et leur fit face ; mais, presque aussitôt entouré, ses mouvements étant paralysés, il prit son revolver, en déchargea quatre coups; puis, il le lança sur la figure d'un de ses adversaires. En même temps, il tombait frappé de dix-huit blessures. Plusieurs étaient mortelles.

Tous ces détails ont été recueillis de la bouche même des Zoulous qui avaient pris part à ce drame sanglant, par le colonel Villers, aujourd'hui attaché militaire à l'ambassade d'Angleterre à Paris.

Ce fut lui que la Reine chargea d'aller au Cap faire une enquête sur toutes les circonstances qui avaient accompagné la mort du Prince Impérial. Après la pacification, c'est à l'aide de promesses et de présents que le colonel Villers obtint des Zoulous eux-mêmes le récit minutieux de ces derniers moments.

Après les avoir tous interrogés séparément, après avoir fait concorder leurs témoignages, le colonel Villers les réunit et obtint la reproduction exacte du drame sanglant.

— Il ne disait rien, rapportèrent les Zoulous; mais il se jeta sur nous comme un jeune « tigre ».

Lorsqu'ils apprirent quel était celui qu'ils avaient massacré :

— Si nous avions su qui c'était, s'il avait dit seulement : « Napoléon », nous l'aurions épargné.

Tous ces détails m'ont été donnés directement. J'étais à Cambden-Place au commencement de 1880, auprès de l'Impératrice, lorsque le colonel Villers y vint, au retour de sa mission, rapportant à l'Impératrice les vêtements du Prince Impérial, qu'il avait retrouvés chez les Zoulous et qu'il put obtenir d'eux. J'ai vu ces précieuses reliques. J'ai pu compter dans l'étoffe, les déchirures ensanglantées produites par les zagaies qui avaient transpercé le corps. Ulmann, le valet de chambre du Prince Impérial, recevait du colonel Villers tous ces objets, qu'il reconnut pour ceux dont il avait lui-même aidé le Prince Impérial à se revêtir le matin du 1ᵉʳ juin. Il promenait sa bouche, étouffée de sanglots, sur les plaies de l'étoffe. Jamais je n'avais vu de telles larmes jaillir des yeux d'un homme.

Cependant le général Wood, qui commandait le camp et sous les ordres duquel le Prince était placé, rentrant à la suite d'une exploration qu'il avait faite lui-même, apprit que le Prince s'était joint à la petite expédition du capitaine Carrey. Il était près de cinq heures. Saisi d'inquiétude, il alla, sans descendre de cheval, avec son escorte, du côté par lequel le Prince devait revenir : à trois kilomètres du camp environ, il entendit le galop de plusieurs chevaux, et vit arriver comme un tourbillon le capitaine Carrey, suivi à longue distance par ses hommes. Le général Wood m'a fait lui-même ce récit à Cambden-Place.

Les soldats anglais ont la terreur de ces embuscades de sauvages, qui ne font jamais de prisonniers et qui massacrent tout.

— Carrey était lancé à fond de train, tellement, disait le général Wood, qu'il me dépassa sur la route. Lorsque je le rejoignis, son cheval tremblait sur ses jambes et ses flancs battaient comme ceux d'un cheval fourbu après une course folle.

Lui-même semblait en proie à la plus violente émotion.

— Où est le Prince Impérial? lui dis-je aussitôt.

— Nous sommes tombés dans une embuscade, répondit Carrey : le Prince est tué. Il a été frappé par une balle ici, — et il porta la main à sa tempe. — Comme nous nous mettions en selle, nous vîmes les blés qui nous entouraient remplis de Zoulous qui tirèrent sur nous une décharge de mousqueterie. Le Prince tomba; nous partîmes au galop. Deux cents yards plus loin, son cheval nous rejoignait. Deux autres hommes sont tués.

Le cheval du Prince, en effet, avait rejoint les fuyards, et, en rentrant au camp, le groom put constater que rien n'avait été touché dans le harnachement, qu'il avait fait soigneusement lui-même au moment du départ. Il vit alors le quartier de la selle déchiré, et comprit comment tout s'était passé.

Carrey mentait pour excuser, sans doute, la lâcheté de sa fuite! Les Zoulous n'avaient pas d'armes à feu, tandis que sa petite troupe était très en état de se défendre.

Le général Wood, profondément affecté, revint au camp, où la consternation se répandit à cette terrible nouvelle.

Les camarades du Prince voulaient partir immédiatement pour le venger, pour ramener, du moins, sa dépouille. La nuit approchait, on décida d'attendre au lendemain.

Le lendemain, 2 juin, au lever du jour, un corps de troupe quittait le camp. On arriva sur les bords de la rivière d'Ityotiozi, non loin du lieu où la lutte avait eu lieu. Sur la terre nue, le corps du Prince fut retrouvé. Il était étendu sur le dos, la face tournée vers le ciel, entièrement dépouillé de ses vêtements. Les sauvages avaient respecté une petite chaîne d'or avec un médaillon et quelques médailles qu'il portait à son cou depuis l'enfance.

Le corps du Prince avait été frappé de dix-sept blessures, faites par les zagaïes, ces courtes lances à larges lames si redoutables, maniées par la main exercée des sauvages.

On l'enveloppa d'un manteau de soldat pour le ramener au camp. Chacun des hommes de l'expédition ayant apporté une pierre, on forma une sorte de tumulus pour marquer le lieu où le Prince Impérial avait péri.

Si une main dévouée avait retenu le cheval, effrayé par la brusque apparition des Zoulous, le Prince aurait pu se mettre en selle, et rien ne serait arrivé.

FIN

TABLE DES MATIÈRES

CHAPITRE PREMIER

Pages.

Voyage de l'Impératrice en Allemagne. — Le train Impérial. — Arrivée à Schwalbach. — La Reine Sophie et la Prusse. — Visite du Roi Frédéric-Guillaume Ier. — Portrait du Roi. — Roman princier. — Wiesbaden. — Le duc de Nassau. — La Platte. — Chanteurs tyroliens. — « Sous le masque la Vérité. » — Une complainte. — Le Feld-Maréchal Wrangel. — L'Empereur de Russie. — Arrivée à Bade. — La cour de Prusse. — Réception au Palais Grand-Ducal. — Le Café Royal. — La Reine Augusta. — Un dernier mot. — Télégrammes royaux. 1

CHAPITRE II

Saint-Cloud. — Appartements de Leurs Majestés. — Court historique du Palais. — Louis XVIII. — Charles X. — Napoléon. — Louis XVI. — Louis XIV. — Monsieur. — Création du Palais et des jardins. — Madame Henriette d'Angleterre. — Fêtes données au Grand Roi. — Henri IV. — Origines de Saint-Cloud. — Incendie et pillage du Palais. — Promenades matinales de l'Impératrice. — Bonté de Sa Majesté. — Les grandes eaux de

Versailles la nuit. — Déjeuner des Ministres — La Fête de l'Empereur. — Convocation. — La messe. — Promenade dans Paris. — Attitude de la foule. — Tentative d'incognito. — M. Hyrvoix. 61

CHAPITRE III

Voyage du Roi d'Espagne. — M. Isturitz, ambassadeur d'Espagne. — Toilettes de cour. — Le Duc Tascher de la Pagerie. — Le Prince Impérial et la Toison d'Or. — Le Roi Don François d'Assise. — Représentation de gala à l'Opéra. — Mort de la Princesse Czartoriska. — Visite de l'Impératrice à l'hôtel Lambert. — Fête à Versailles. — Mlle Fiocre. — Revue du Champ-de-Mars. — Remise des aigles à la Garde. — Départ du Roi. — La Reine Christine et le Duc de Riançarès. — Le Prince Humbert. — La France et l'Italie. — Le Chevalier Nigra à la cour. — Florence capitale. — La Marquise de Castiglione. — Départ pour le camp de Châlons. — Incident des adieux. — L'Empereur et le carbonarisme. — Une conversation de l'Empereur à Cambden. 96

CHAPITRE IV

Séjours à Compiègne. — Le peintre Couture. — Listes d'invitations. — Toilettes de souveraine. — Le petit costume. — Arrivée des souverains. — Arrivée des invités. — Mme Rouher. — Le dîner. — La fête de l'Impératrice. — Les bouquets. — Toast du Prince Napoléon. — Son humeur. — La Princesse Clotilde. — Les valseurs. — Le Marquis de Caux. — Carpeaux. — Un drame au fond d'une assiette. — Fleurs échangées. — La Comtesse de Mercy-Argenteau. — La Maréchale Pélissier. — La Maréchale Canrobert. — La Comtesse Fleury. — Le Général Schmitz. — Le Général de Galliffet. 133

CHAPITRE V

Pages.

Vénerie de l'Empereur. — Le Maréchal Magnan Grand Veneur. — Mme Léopold Magnan. — Comtesse de Rancy. — Comte de Rancy. — Le Prince de la Moskowa. — Le pont de Sedan. — Marquis de Toulongeon. — Marquis de Latour-Maubourg. — Baron Lambert. — Baron de Lage. — L'Empereur à la chasse à tir. — Le fusil de M. Béhic. — Le docteur Aubin des Fougerais. — La jambe cassée. — Le masque tragique. — Le bouton. — Uniforme de la vénerie. — Première chasse du Prince Impérial. — La curée aux flambeaux. — Viollet-le-Duc et la cassette impériale. — Les ruines de Coucy. — Pierrefonds historique. — Restauration de Pierrefonds. — Salle des chevaliers de la Table ronde. — La cheminée des preuses. — Valentine de Milan. — Statues de l'Impératrice et de huit dames de sa cour. — Viollet-le-Duc courtisan. — Après la guerre. — Le thé de cinq heures. — Cabinet de l'Impératrice. — M. Pasteur et les grenouilles. — Le Prince Impérial et le Prince Napoléon.   186

CHAPITRE VI

La comédie à Compiègne. — *La Corde sensible.* — M. de Morny et Mérimée. — Les Highlanders. — M. Le Verrier. — Safvet Pacha. — Octave Feuillet. — Tableaux vivants. — Un quatrain. — *Les Cascades de Mouchy.* — Série du 21 novembre 1865. — La Princesse de Metternich. — Madeleine Brohan. — *Les Commentaires de César.* — La Cantinière. — Le Cocher de fiacre. — La Comtesse de Pourtalès. — La Marquise de Galliffet. — Le Baron Lambert. — Le Comte de Solms. — Mme Bartholoni. — La Baronne de Poilly. — Vicomte Aguado. — M. Davilliers. — M. Ashton Blount. — La Chanson. — L'Empereur dans les coulisses. — Marquis de Gall'fet. — Général Mellinet. — Le Prince Impérial. — Final improvisé. 225

CHAPITRE VII

L'enfance du Prince Impérial. — Au camp de Châlons. — Miss Schaw. — Un incendie. — La lanterne magique. — Caractère du Prince Impérial dans son enfance. — Un toast. — Le premier bain de mer. — Le portrait du Baron Larrey. — Dessin fatidique. — Bustes modelés par le Prince. — M. Bâchon. — La première revue à cheval. — Influence de M. Bâchon. — Son humeur et son dévouement. — Visites en exil. — Caporal du 1er grenadiers de la Garde. — Les spahis. — M. Prévost-Paradol escortant le Prince. — Mme Cornu. — M. Monnier. — Le Prince et l'armée. — Une lettre du Prince Impérial. — Maladie. — L'Empereur et son fils. 266

CHAPITRE VIII

Direction maternelle. — Les intérêts du Prince Impérial en exil. — Vigilance de l'Impératrice. — La fortune de l'Empereur. — Les diamants de Marie-Antoinette. — Le testament de l'Empereur. — Départ du Prince Impérial pour le Zululand. — M. Rouher. — La mort du Prince Impérial. — Carrey. — Le général Wood. — Le colonel Villers. — Récit des Zoulous. — Ulmann. — La selle rompue. — Le cortège du soldat. 297

Paris. — Typ. Georges Chamerot, 19, rue des Saints-Pères. — 26857.

LIBRAIRIE PAUL OLLENDORFF
28 bis, Rue de Richelieu, Paris

Collection grand in-18 à 3 fr. 50 le volume.

ALLARD (Léon). — Les Vies muettes. (Ouvr. couronné par l'Acad. française).
BERGERAT (Emile). — Le Faublas malgré lui. — Le Viol. — Le Petit Moreau.
BONNIÈRES (Robert de). — Mémoires d'Aujourd'hui. (1re, 2e et 3e séries). — Les Monach. — Jeanne Avril. — Le Baiser de Maïna. — Le petit Margemont.
CAHU (Théodore). — Chez les Allemands. — Petits Potins militaires. — Pardonnée ?
CARETTE (Mme A.). — Souvenirs intimes de la Cour des Tuileries. (1re et 2e séries).
CAROL (Jean). — L'Honneur est sauf.
CATULLE MENDÈS. — Les Boudoirs de Verre. — Pour les Belles Personnes. — L'Envers des Feuilles. — La Princesse nue.
CHAMPSAUR (Fél.). — Dinah Samuel.
CLAVEAU (A.). — Contre le flot. (Ouvr. couronné par l'Académie française.)
DARIMON (Alfred). — L'Agonie de l'Empire.
DELPIT (Albert). — Le Fils de Coralie. — Le Mariage d'Odette. — La Marquise. — Le Père de Martial. — Les Amours cruelles. — Solange de Croix-Saint-Luc. — Mlle de Bressier. — Thérésine. — Disparu. — Passionnément. — Comme dans la Vie. — Toutes les deux.
DURUY (George). — Fin de Rêve.
GAGNIÈRE (A.). — Les Confessions d'une Abbesse du XVIe siècle.
GANDILLOT (Léon). — Les Filles de Jean-de-Nivelle. — De Fil en Aiguille. — Bonheur à quatre.
GAULOT (Paul). — Mlle de Poncin. — Le Mariage de Jules Lavernat. — L'Illustre Casaubon. — Un Complot sous la Terreur. (Ouvrage couronné par l'Académie française.) — Rêve d'Empire. — L'Empire de Maximilien. — Fin d'Empire.
GOUDEAU (Emile). — Le Froc.
GUINON (Albert). — La Rupture de Jean.
HERISSON (Cte d'). — Journal d'un Officier d'ordonnance. — Journal d'un Interprète en Chine. — Le Cabinet noir. — La Légende de Metz. — Autour d'une Révolution. — Nouveau Journal d'un Officier d'ordonnance. — Journal de la Campagne d'Italie. — Un Drame royal. — Le Prince Impérial. — La Chasse à l'Homme.
KERATRY (Comte E. de). — A Travers le Passé.
LAUNAY (de). — Les Demoiselles Sévellec. — Discipline. (Ouvrage couronné par l'Académie française.)
LOCKROY (Ed.). — Ahmed le Boucher.
MAIRET (Jeanne). — Peine perdue. — Artiste.
MAIZEROY (René). — Bébé Million. — La Belle.
MARNI (J.). — La Femme de Silva. — Amour coupable.
MAUPASSANT (Guy de). — Les Sœurs Rondoli. — Monsieur Parent. — Le Horla. — Pierre et Jean. — Clair de Lune. — La Main gauche. — Fort comme la mort. — La Vie errante. — Notre Cœur. — La Maison Tellier.
MIRBEAU (Octave). — Le Calvaire. — L'Abbé Jules.
MONIN (Doct. E.). — Misères nerveuses.
MONTJOYEUX. — Les Femmes de Paris.
OHNET (Georges). — Serge Panine. — (Ouvrage couronné par l'Académie française). Le Maître de Forges. — La comtesse Sarah. — Lise Fleuron. — La Grande Marnière. — Les Dames de Croix-Mort. — Noir et Rose. — Volonté. — Le Docteur Rameau. — Dernier Amour. — L'Ame de Pierre. — Dette de Haine.
PENE (Henry de). — Trop Belle. (Ouvrage couronné par l'Académie française. — Néo Michon. — Demi-Crimes.
PERRET (Paul). — Sœur Sainte-Agnès. — Les Filles Mauvoisin.
PERRIN (Jules). — Le Canon.
PRADEL (G.). — La Faute de Mme Bucières. — Les Baisers du Monstre. — Montalègre.
RAMEAU (Jean). — Fantasmagories. — Le Satyre. — Possédée d'amour.
RZEWUSKI (Cte St.). — Alfrédine.
SARCEY. — Le Mot et la Chose. — Souvenirs de Jeunesse.
SILVESTRE (Armand). — Les Farces de mon ami Jacques. — Les Malheurs du Commandant Laripète. — Les Veillées de Saint-Pantaléon.
THEURIET (André). — La Maison des Deux Barbeaux. — Les Mauvais Ménages. — Sauvageonne. — Michel Verneuil. — Eusèbe Lombard. — Au Paradis des Enfants.
TREZENIK (Léo). — Confession d'un Fou.
UCHARD (Mario). — Mon Oncle Barbassou. — Joconde Berthier. — Mademoiselle Blaisot. — Inès Jacker. — La Buveuse de Perles. — L'Etoile de Jean.
VILLADY (Mat.). — Filles d'Allemagne. — France et Allemagne : les Deux Races.
VAUDÈRE (J. de la). — Mortelle étreinte.
VILLEHERVE (Robert de la) et **MILLET** (George). — La Princesse pâle.

www.ingramcontent.com/pod-product-compliance
Lightning Source LLC
Chambersburg PA
CBHW060326170426
43202CB00014B/2680